毒品犯罪案件侦查方法研究

岳佳　著

本书是 2021 年度甘肃省双一流建设重大科研项目
『黄河流域生态保护协同治理的法治保障研究』（项目编号：GSSYLXM—07）的研究成果之一

知识产权出版社
全国百佳图书出版单位
—北京—

图书在版编目（CIP）数据

毒品犯罪案件侦查方法研究 / 岳佳著. —北京：知识产权出版社，2023.2
ISBN 978-7-5130-8669-1

Ⅰ.①毒…　Ⅱ.①岳…　Ⅲ.①毒品—刑事犯罪—刑事侦查—研究—中国
Ⅳ.①D924.36

中国国家版本馆 CIP 数据核字（2023）第004611号

责任编辑： 邓　莹　　**责任校对：** 潘凤越
封面设计： 杨杨工作室·张　冀　　**责任印制：** 孙婷婷

毒品犯罪案件侦查方法研究

岳　佳　著

出版发行： 知识产权出版社有限责任公司　　**网　　址：** http：//www.ipph.cn
社　　址： 北京市海淀区气象路50号院　　**邮　　编：** 100081
责编电话： 010-82000860转8346　　**责编邮箱：** dengying@cnipr.com
发行电话： 010-82000860转8101/8102　　**发行传真：** 010-82000893/82005070/82000270
印　　刷： 北京建宏印刷有限公司　　**经　　销：** 新华书店、各大网上书店及相关专业书店
开　　本： 880mm×1230mm　1/32　　**印　　张：** 7.375
版　　次： 2023年2月第1版　　**印　　次：** 2023年2月第1次印刷
字　　数： 200千字　　**定　　价：** 58.00元

ISBN 978-7-5130-8669-1

序

随着毒品犯罪问题的全球蔓延以及与之相伴生的恐怖主义犯罪、洗钱犯罪、有组织犯罪等跨国犯罪行为的不断激增，毒品犯罪已然成为非传统安全领域的新型威胁。在经济飞速发展、文化多元融合的同时，人们的思想也出现了价值多元化、文化分野等特点，而这些均为毒品犯罪的滋生和蔓延埋下了伏笔。虽然2021年较2012年，我国毒品犯罪率下降56.8%，但随着“金三角”等毒源地的毒品向我国全方位、立体式的渗透和新型毒品的大量出现，我国毒品犯罪形势依然复杂严峻。如何有效应对新时代严峻的毒品犯罪态势是我国毒品问题治理理论界和实务界当下关注的重心和焦点。毒品犯罪侦查是毒品问题治理的关键环节和重要手段，在过往毒品犯罪应对过程中发挥了不可替代的作用。然而，在毒品恐怖主义、大麻合法主义和毒品犯罪网络化的今天，毒品犯罪侦查依然存在诸多困境，因此，研发和应用更加科学和高效的侦查方法成为毒品犯罪侦查领域亟待解决的重大问题。

据我所知，岳佳博士从2017年开始，就将毒品犯罪侦查确定为自己的研究方向，经过五年的不懈探索和系统研究，现已形成阶段性成果，完成《毒品犯罪案件侦查方法研究》的撰写。该著作资料丰富、观点新颖、逻辑严密、结构完整，具有很强的理论价值和实践指导意义。作者充分注意到了侦查方法自身所具有的系统性、动态性、创新性、灵活性、多样性以及面向未来性等诸多特征，全面借鉴了哲学、经济学、行为科学以及法学中的相关原理和方法，系统分析了毒品犯罪案件侦查方法的内部运行机理、高效运行规律与原理、理性运行基本程式以及法律规制的合理框架，进而从侦查方法运行机制、运行方式、运行制度等方面深入挖掘了当今毒品犯罪侦查方法之运行困境；在比较借鉴美国、英国、德国、日本等域外立法体系较完备的国家在禁毒立法、侦查思维方式、侦查价值标准方面的相关经验的基础上，从毒品犯罪案件侦查方法的优化、多元融合以及秘密侦查制度的完善方面构建了完善而科学的毒品犯罪案件侦查方法体系。

《毒品犯罪案件侦查方法研究》丰富和发展了毒品犯罪侦查的原理和方法，具有较强的理论前瞻性和现实可操作性，是对法学领域尤其是公安学类各专业的研究者和学习者颇具价值的参考用书，也是指导缉毒一线工作人员丰富和规范侦查方法的工具用书。

值此《毒品犯罪案件侦查方法研究》付梓之际，愿以序为贺。

任惠华

西南政法大学教授、博士生导师

国家毒品问题治理研究中心执行副主任

2022 年 10 月

前　　言

一直以来，毒品犯罪问题是世界各国普遍面临的一个难点。从20世纪70年代末开始，我国曾经灭绝的毒品犯罪又死灰复燃，短短四十年间，毒品犯罪地域不断扩大、犯罪组织形式逐渐趋于科技化和智能化、犯罪种类不断增多、犯罪手段不断升级、毒品种类不断翻新、涉毒数量逐年上升、境外毒品多路径和全方位渗透逐年加剧，给人民群众生命财产造成巨大损失，也给社会的安定和谐、经济的飞速发展带来前所未有的冲击。从发展角度来看，尽管我国十分重视对毒品犯罪案件侦查方法的优化完善，但实际效果并不尽如人意。这一方面源于毒品犯罪自身的特殊性与复杂性，另一方面也与毒品犯罪案件侦查方法运行中侦查主体思维模式、侦查目的方向、侦查工具及其操作程式、侦查制度等要素运行方式的不完备和不畅通等密切相关。为此，笔者在2021年度甘肃省双一流建设重大科研项目“黄河流域生态保护协同治理的法治保障研究”（项目编号：GSSYLXM－07）资助下，开展相关研究并取得阶段性成果。

本书在充分掌握我国毒情形势和毒品犯罪案件侦查方法的发展趋势、运行现状、运行模式、运行环境、运行策略手段以及运行困境的基础上，通过考察域外毒品犯罪形势、毒品犯罪相关立法以及毒品犯罪案件侦查方法的相关经验，并结合毒品犯罪案件侦查方法运行的理论基础，在既有禁毒法律政策框架下有针对性地提出毒品犯罪侦查方法的完善路径，试图为我国毒品犯罪案件侦查方法的完善与优化作出有益尝试。

全书共由六章组成。其中：

第一章为导论，阐述研究缘起、文献述评、研究方法以及研究价值。

第二章以侦查方法的概念作为研究之逻辑起点，通过对侦查方法概念的界定，明确侦查方法概念的内涵与外延，并以之作为研究基础，分析总结出侦查方法的内部结构与外部分类标准。在系统归纳分析毒品犯罪演变及其侦查方法发展趋势的基础上，从运行模式、运行环境以及侦查策略手段三方面将毒品犯罪案件侦查方法与一般刑事案件侦查方法相比较，凸显作为侦查方法子系统的毒品犯罪案件侦查方法自身的复杂性和特殊性。

第三章从经济学相关原理中分析总结出毒品犯罪案件侦查方法高效运行的规律与原理；从行为科学视角分析总结出毒品犯罪案件侦查方法运行程式中的理性选择；从法律制度视角对毒品犯罪案件侦查方法的有序运行进行阐释说明，凸显毒品犯罪案件侦查方法运行的法律框架。上述诸多原理为构建多学科融合的毒品犯罪案件侦查方法提供了理论基石。

第四章从法律制度、侦查方法运行体制和侦查方法具体设计运行层面，对毒品犯罪案件侦查方法运行中存在的部分失范、不顺畅等问题以及侦查方法设计运行中存在的单一化倾向等困境进行系统阐释。以上突出问题均对我国毒品犯罪案件侦查方法的顺利开展造成一定程度的阻碍，因而也成为本书试图着力解决的关键问题。

第五章从毒品犯罪形势、毒品犯罪相关立法以及毒品犯罪案件侦查方法三个方面对美国、英国、德国、日本等域外国家有关毒品犯罪案件侦查方法运行的相关经验进行比较研究，从中分析挖掘出符合我国国情并与我国现行禁毒法律体系相契合的优秀经验做法，为我国毒品犯罪案件侦查方法的不断丰富与创新注入新鲜血液。

第六章从完善毒品犯罪案件秘密侦查制度、推进毒品犯罪案件侦查方法的高效运行和构建多元融合的毒品犯罪案件侦查方法三个方面提出完善毒品犯罪案件侦查方法的对策性建议，这也是本书的研究重点与核心。

受多种因素制约，本书还存在诸多不尽如人意甚至错漏之处，望同行专家及读者批评指正。第一，笔者对域外有关毒品犯罪案件侦查方法的考察不够深入具体，尤其是对德国、日本等小语种国家相关资料大多是通过间接途径获取，一手资料不足，因而研究还存在不够全面、细致和深入的问题；第二，我国理论界对毒品犯罪案件侦查方法的研究起步时间较晚，缺乏系统性研究成果，对本研究产生较大的不利影响；第三，毒品犯罪案件的侦查方法是极为特殊和隐秘的，所涉及的内容较为敏感，其中的大多侦查方法均属秘密侦查方法研究之范畴，笔者在获取和使用相关资料时遇到了较大的困难；第四，笔者的科研能力和水平还十分有限，一定程度上影响了研究的深度和广度。

作为初步尝试，希望本书能够对我国毒品犯罪案件侦查方法的研究起到抛砖引玉的作用，也希望能够引发学界对我国毒品犯罪案件侦查方法研究的浓厚兴趣，使之成为侦查方法研究中的一个重点领域，从而显著提高毒品犯罪的治理效能。

笔者在研究过程和专著撰写过程中，承蒙中南财经政法大学胡向阳教授、杨宗辉教授、董邦俊教授、董少平教授、王均平教授与西南政法大学任惠华教授、甘肃政法大学李玉基教授和魏克强教授的悉心指导和帮助，得到兰州市公安局缉毒支队的大力支持，在此一并深表谢意！

岳　佳

2022 年 9 月

目　录
CONTENTS

第一章

>>> 导　论

第一节　研究缘起

中华人民共和国成立初期，三年禁绝毒品的运动使我国成功实现“无毒国”的目标，直至 20 世纪 70 年代末，在国际毒潮的侵袭下，毒祸卷土重来，国际贩毒集团和贩毒分子利用我国毗邻“金三角”毒源地的地理位置，将毒品经营的重点悄悄地从“金三角”南部转向了中国南部——云南省、广西壮族自治区和广东省等地，我国毒品违法犯罪问题死灰复燃。据统计，1982—1989 年，云南省共查获贩毒案件 20 845 件，抓获贩毒人员 33 294 名。[1] 从全国范围来看，1983—1990 年，全国法院共受理毒品犯罪案件 18 457 件，其中，1989 年较 1988 年递增 20. 73%，1990 年较 1989 年递增 57. 77%，总体上呈逐年递增态势。[2] 在此背景下，我国积极探索打击毒品犯罪的有效之法：在宏观侦查方法运用层面，在该时期的刑事法律规制框架下，以“撕破一张网、斩断一条线”作为案件侦查之目的，积极开展案件经营，捣毁涉毒犯罪网络。此外，为

---

[1] 崔庆森，陈宝树．中外毒品犯罪透视［M］．北京：社会科学文献出版社，1993：64.
[2] 赵秉志．毒品犯罪［M］．北京：中国人民公安大学出版社，2003：12.

全面打击跨国毒品犯罪，我国积极开展国际侦查合作，于1985年加入《麻醉品单一公约》（Single Convention on Narcotic Drugs）（以下简称《1961年公约》）和《精神药物公约》（Convention on Psychotropic Substances）（以下简称《1971年公约》），1989年加入《联合国禁止非法贩运麻醉药品和精神药物公约》（United Nations Convention Against Illicit Traffic in Narcotic Drugs and Psychotropic Substances）（以下简称《1988年公约》）。以上三大公约明确了毒品界定范围、规定了毒品洗钱犯罪的概念、打击毒品洗钱犯罪的刑法手段和缔约方承担的强制性义务，初步规范了毒品侦查和毒品洗钱犯罪案件的国际合作机制等，为我国开展域内以及跨国毒品犯罪案件的侦查提供了方法指引。1990年，我国派团参加了联合国第一届"国际合作取缔麻醉品和精神药物非法生产、供应、需求、贩运和分销问题的联大特别会议"（以下简称"第一次禁毒特别联大"），该次会议是联合国首次以特别联大的形式专题讨论世界毒品问题，会上通过了关于禁毒的《政治宣言》和《全球行动纲领》，在国际禁毒史上具有里程碑意义，对我国国内禁毒工作和国际禁毒合作产生了积极深远的影响。国际禁毒公约的批准加入和国际性禁毒会议的参加标志着我国毒品犯罪侦查工作开始进入国际合作时代，国际上一些有益的侦查方法得到有效吸纳和采用。在具体侦查方法运用层面，我国毒品犯罪案件的侦查方法主要围绕常规性侦查措施方法、强制性侦查措施方法以及秘密侦查措施方法展开；具体包括现场勘查、询问讯问、调查走访、毒品公开查缉、堵截盘查、阵地控制、拘留、逮捕、内线侦查和外线侦查等。其中内线侦查主要包括化装侦查、打入侦查、贴靠侦查等；外线侦查主要包括跟踪监视和守候监视等。然而，毒品犯罪相关立法及司法解释规定的宽泛与缺漏、禁毒战略与禁毒政策制定的错位与失衡、缉毒人员对毒品犯罪发展趋势及内在运行规律缺乏深刻认识等，使该时期的毒品犯罪案件侦查方法并未有效遏制毒品犯罪发展趋势。

20 世纪 90 年代，我国毒品犯罪发展趋势日益严峻，伴随着新型毒品犯罪问题的出现，毒品犯罪链条也开始呈现出“产—供—销—藏”一条龙式的发展态势。据保守估计，1991 年中国境内走私毒品量已经在 7000 公斤以上，比 1990 年增长近 2 倍，而 1992 年毒品走私更加猖獗，走私各类毒品数量超过 1 万公斤。1991—1999 年，全国共破获毒品违法犯罪案件 80 余万起，包括非法买卖和走私制毒化学品案 548 起，共缴获传统毒品 71.643 吨、冰毒 23.375 吨。[1] 概言之，该时期的毒品犯罪不但没有消灭，反而有扩大、泛滥趋势，并呈现出如下特征：（1）云南毒品问题依旧泛滥成灾，毒祸肆虐滇西南；（2）种植、制造类毒品犯罪日益严峻；（3）贩毒手段日渐多样化；（4）吸毒人数成倍激增；（5）新型毒品犯罪数量逐年递增。面对此种情况，我国缉毒机关审时度势，在禁毒方针政策及禁毒立法规制的框架下，全方位开展对毒品犯罪的打击：在宏观侦查方法运用层面，缉毒机关以 1991 年制定的“三禁并举、堵源截流、严格执法、标本兼治”的禁毒工作指导方针为依托，以 1990 年《全国人民代表大会常务委员会关于禁毒的决定》（以下简称《关于禁毒的决定》，已于 2008 年废止）、1997 年《中华人民共和国刑法》（以下简称 1997 年《刑法》）、1996 年《中华人民共和国刑事诉讼法》（以下简称 1996 年《刑事诉讼法》）等法律法规为依据，以我国毒情发展状况为基础，在打击制造、贩运类毒品大案的同时，也开始注重从吸毒人员中挖掘涉毒线索，通过“滚雪球”式的侦查方法打击日益凸显的零星贩毒案件，深

---

[1] 刘建宏．新禁毒全书（第二卷）：中国毒品犯罪及反制［M］．北京：人民出版社，2014：18.

挖细审，反向寻找涉毒线索，用两头延伸式的打击策略实现对毒品犯罪的“全链条”打击。此外，在国际侦查合作方面，继第一次禁毒特别联大之后，1998 年联合国又召开了第二次禁毒特别联大，会议通过了关于毒品的《政治宣言》、《减少毒品需求指导原则宣言》和《在处理毒品问题上加强国际合作的措施》等文件，对国际药物管制目标、加强国际司法合作、控制化学品流动、控制兴奋剂、减少毒品需求、根除非法药物种植、打击贩毒洗钱和促进替代发展等作出了具体规定，并提出三项主张：坚持广泛参与、责任共担的原则；全面实施综合、均衡的国际禁毒战略；高度重视替代发展，促进从根本上解决毒品问题。这为禁毒国际合作提供了战略、政策和方法指引，有力推动了世界禁毒事业的发展。在两个会议指引下，我国与国际社会特别是东南亚和西南亚国家建立了广泛的双边和多边禁毒合作与会晤机制，搭建了密切交流和信息互通平台，并以此为基础，持续深入推进跨国毒品犯罪侦查的国际合作，破获了众多的国际毒品犯罪大案、要案。如 2005 年我国与俄罗斯警方合作破获的“12·12”贩毒案充分说明了国际侦查合作在侦破跨国毒品犯罪案件中的重要性。在具体侦查方法的运用过程中，除了内线侦查、外线侦查等常用的措施方法之外，随着警犬缉毒措施的恢复以及 1988 年联合国《禁止非法贩运麻醉药品和精神药物公约》的出台，警犬缉毒措施、控制下交付等侦查措施方法也逐渐开始广泛运用于毒品犯罪案件的侦查过程中。与此同时，毒品检验鉴定方法的丰富与完善也不断推进了侦查方法的灵活运用与创新，如“麻醉毒品现场检验箱（B 型）”“现场麻醉毒品快速喷显剂”等快速检测设备和试剂的研发不仅填补了我国毒品现场快速检验的技术空白、提升了毒品现场快速检测水平，更为缉毒人员及时制定侦查方案、收集证据、抓获犯罪嫌疑人等侦查活动的开展提供了技术支撑。[1]

进入21世纪后，我国毒品犯罪问题依旧十分突出并呈现出新的特点。历年禁毒报告显示，我国毒品犯罪案件量仍保持居高不下的发展态势。2000年，全国共破获毒品犯罪案件9.6万起，缴获的毒品中新型毒品、各类易制毒化学品占绝大多数；2007年，全国破获毒品犯罪案件4.63万起，缴获的毒品中冰毒数量依旧占相当数量；2009年全国破获毒品犯罪案件7.7万起，同比上升25.8%，其中28个省、自治区、直辖市破案数量均有较大幅度的上升，缴获毒品数量中新型毒品呈逐年上升趋势；2013年，全国破获毒品犯罪案件15.0943万起，缴获毒品47.72吨，冰毒类毒品数量占绝大多数；2015年全国共破获毒品犯罪案件14万起，缴获毒品数量82.1吨；2018年，全国共破获毒品犯罪案件10.96万起，缴获各类毒品67.9吨。2020年全国共破获毒品犯罪案件6.4万起，缴获毒品55.49吨，截至2021年，全国破获毒品犯罪案件5.4万起，缴获毒品27吨。归纳来看，由于我国禁毒制度的良好开展，2014年以来，我国毒情形势逐年好转，但总体形势依然严峻，犯罪特点突出：（1）毒品犯罪已遍布全国各个区域，包括湖南、湖北、河南、河北、吉林、辽宁等内地城市在内的几乎所有地区毒品犯罪问题凸显；（2）国内制毒贩毒问题突出，其中新型毒品种类不断翻新，数量逐年上升；（3）犯罪手段不断升级，犯罪渠道立体化、手段智能化现象突出，其中利用寄递物流、网络贩毒问题明显；（4）境外毒品对我国“多头入境，全线渗透”的复杂态势仍未改变。不仅国外毒源地向我国渗透加剧，我国制造毒品类案件，尤其是新精神活性物质类毒品案件问题依旧突出。面对毒

---

[1] 苗翠英，王建伟．试论毒品检验在禁毒中的情报作用［J］．云南公安高等专科学院学报，2001（4）：44－46，92.

品犯罪呈现出的新形势，我国毒品犯罪案件侦查方法在修正与完善后的禁毒工作方针政策与禁毒立法的规制下，全面开展对毒品犯罪的打击：在宏观侦查方法上，缉毒机关以“预防为主，综合治理，禁种、禁制、禁贩、禁吸并举”的工作方针为依托，以《中华人民共和国禁毒法》（以下简称《禁毒法》）、1997 年《刑法》及《刑法修正案（九）》、2012 年《中华人民共和国刑事诉讼法》（以下简称 2012 年《刑事诉讼法》）等法律法规为依据，以我国新的毒情发展形势为基础，在充分认识到毒品犯罪内在供求关系互动平衡、交易过程中存在价格杠杆调节现象的内在规律后，结合毒品犯罪活动隐蔽性强、无传统犯罪现场等特点，在侦查方法设计运用中开始融入经济学相关原理，积极经营大宗毒案、打击供方市场，深挖零星小案，控制需方市场，从“产—供—销—藏”整个犯罪链条上实现对毒品犯罪案件的“全链条”式打击。此外，在国际侦查合作中更多地注重国际与国内配合，双边和多边配合，不断推进发展与有关国家和国际组织在战略沟通、执法合作、司法协助、经验交流、人员培训方面的合作，促使国际合作向多层次、多领域发展。在具体侦查方法运用中，随着信息化技术的飞速发展，针对新时期毒品犯罪发展的新趋势，缉毒机关更注重将高科技的技术手段融入毒品犯罪案件侦查之中，信息化侦查方法已然成为毒品犯罪案件侦查中主要的侦查方法之一。

根据所收集的资料并深入研究，笔者发现，我国对毒品犯罪的打击大多是在刑事法律政策规制的框架下，根据同时期毒情形势、科学技术的发展，创新发展毒品犯罪案件的侦查方法。但改革开放以来，我国对毒品犯罪案件侦查方法在不断丰富与发展的过程中也面临着缉毒主体认知模式固化、新型毒品侦查方法与国际侦查合作运行不畅等现象；同时，我国禁毒立法中固有的功利主义色彩以及近年来信息化侦查方法的“侵入式”发展也使得毒品犯罪案件侦查方法整体呈现出了单一化的发展趋势；此外，刑事诉讼法等相关立法条文规定的模糊笼统、相应配套立法中法律规定的重复与泛化以及特情、卧底管理体制的不规范等也造成了毒品犯罪案件秘密侦查方法实际运行的失范，一方面阻碍了毒品犯罪活动打击实效的取得，另一方面也滋生了侦查权力滥用之风险。为有效规避上述现象，笔者在充分掌握我国毒情形势、毒品犯罪案件侦查方法的发展趋势、运行现状、运行模式、运行环境、策略手段以及运行困境后，通过考察域外毒品犯罪形势、禁毒立法以及毒品犯罪案件侦查方法的相关经验后，结合毒品犯罪案件侦查方法的理论基础，从毒品犯罪案件侦查方法的优化、侦查方法的多元融合以及秘密侦查制度的完善三方面展开论述，以期构建出一套相对完善的、系统科学的毒品犯罪案件侦查方法体系。

第二节 文献述评

我国对毒品犯罪侦查方法的研究始于20世纪70年代末。在国际毒潮的侵袭下，“金三角”等毒源地的毒品不断涌向我国，我国毒品犯罪问题死灰复燃，由最初肆虐滇西南地区到后期对我国的“多头入境，全线渗透”，大宗贩毒案件与零星贩毒案件逐渐成为毒品犯罪案件最主要的形式，与此相伴随，我国理论界也逐渐展开了对毒品犯罪案件侦查方法的研究。笔者在中国知网以“毒品”“犯罪”“缉毒”“方法”等为关键词，对40多年来公开发表在我国主要学术刊物上的有关毒品案件侦查方法研究论文进行搜索并系统分析，其中1980—2020年各年度发表的论文数量汇总如图1－1所示。

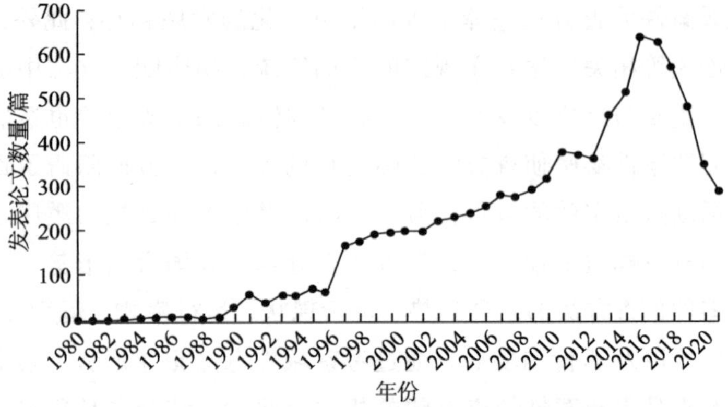

图 1－1　1980—2020 年我国发表的有关毒品犯罪案件侦查方法研究论文数量的变化动态

由图 1－1 可以看出，我国有关毒品犯罪案件侦查方法研究论文数量自 1996 年至 2015 年呈整体快速递增态势，之后有明显下降趋势。❶ 笔者通过对上述文献的归纳梳理，认为截至目前我国对于毒品犯罪案件侦查方法研究的焦点主要集中在以下几个方面。

一、毒品犯罪案件相关概念的界定

张晶、王建伟、杨丽萍从司法实践的角度对毒品犯罪案件进行界定，指出广义的毒品犯罪案件包括所有与毒品直接或间接相关的刑事案件，而狭义的毒品犯罪案件仅指与毒品直接相关的刑事案件。需要说明的是，这里的"直接相关""间接相关"是依据 1997 年《刑法》的相关条文进行界定的，"直接相关"包括走私、贩卖、运输、制造、非法持有、非法种植、吸食毒品等直接的毒品犯罪行为，"间接相关"包括包庇毒品犯罪分子、强迫留容他人

❶ 需要说明的是，毒品犯罪案件侦查方法的内涵极为丰富，具体涵盖侦查措施方法、检验鉴定方法等丰富内容，笔者只能以"毒品""缉毒"等为关键词，对文献中涉及毒品犯罪案件侦查方法的文章进行逐一筛选。

吸毒等具体行为。[1] 莫关耀、昂钰从犯罪行为所触犯的法律法规及具体行为方式等视角对毒品犯罪和毒品犯罪案件的概念进行界定，强调毒品犯罪是违反禁毒法规、破坏禁毒管制活动的应受处罚的行为；毒品犯罪案件是触犯了《刑法》、从事与毒品有关的犯罪活动的。[2] 廖斌着重从“毒品”含义的角度对毒品犯罪的概念进行界定，认为对“毒品”的概念进行准确界定是对“毒品犯罪”概念进行准确界定的前提。[3] 徐宏、李春雷在梳理国内学者对毒品犯罪概念界定的基础上，从类型划分、行为方式、所触法律法规、刑法罪名设置、实施方法、犯罪构成要件等视角归纳总结出七种不同的个人见解。[4] 关纯兴、昂钰从管辖权和词义阐释两方面对毒品犯罪案件的概念进行界定。在管辖权层面上认为，毒品犯罪案件的管辖主体必须是依法享有管辖权的国家机关，包括公安机关、边防管理部门等。在词义阐释层面上强调，毒品犯罪案件概念的准确界定必须对“毒品”“犯罪”“案件”三个词作出准确的界定，认为“毒品”是具有能够使人产生快感并形成依赖的物质，“犯罪”是指符合犯罪构成要件的可以依法追究刑事责任的客观事实，“案件”必须是进入刑事诉讼程序并且已经予以立案的犯罪事件。[5]

从文献梳理可以看出，国内众多学者均从不同的研究旨趣出发，对毒品犯罪与毒品犯罪案件的概念进行界定，但至今仍存在

---

[1] 张晶，王建伟，杨丽萍．毒品犯罪案件侦查要略［M］．北京：群众出版社，2004：4.

[2] 莫关耀，昂钰．毒品犯罪案件侦查教程［M］．北京：中国人民公安大学出版社，2009：2.

[3] 廖斌．毒品违法犯罪防治研究［M］．北京：中国政法大学出版社，2016：3.

[4] 徐宏，李春雷．毒品犯罪研究［M］．北京：知识产权出版社，2016：10.

[5] 关纯兴，昂钰．毒品犯罪案件侦查［M］．3 版．北京：中国人民公安大学出版社，2015：1－3.

诸多争议，尚未形成统一的观点。笔者认为，毒品犯罪案件的概念应在准确理解和把握基本词义并充分吸收众多学者观点的基础上，从管辖权主体、犯罪行为方式以及行为所触及法律法规三层面将其界定为：依法享有管辖权的国家机关对于违犯禁毒法律法规，从事非法走私、贩卖、运输、制造毒品，种植毒品原植物等与毒品、毒品原植物、毒品原植物种子及幼苗、制毒物品有关的行为，依法应受刑罚处罚，被立案侦查的案件。

二、毒品犯罪案件侦查方法的法律规制

1979 年《刑事诉讼法》首次从法律层面对侦查程序与侦查措施方法作出相关规定，侦查方法自此开始向着法治化、程序化的方向发展。毒品犯罪案件侦查方法作为侦查方法的子系统，其制定与运用也逐渐受到刑事法律的规制。赵永林对贩毒犯罪的特点进行归纳总结，并从犯罪构成的视角对贩毒犯罪的侦查重点进行论述，体现了依法侦查的理念。[1] 黄绍智、董治良对云南地区贩卖毒品为何猖獗的原因进行分析，并从刑法规制的视角对遏制毒品犯罪的方法进行探讨。[2] 曾喜田在对 1990 年颁布的《全国人民代表大会常务委员会关于禁毒的决定》中体现的严打政策以及毒品划定分析的基础上，研究了毒品定量问题。[3] 伴随着 1996 年《刑事诉讼法》以及 1997 年《刑法》的相继出台，毒品犯罪罪名及侦查程序性规范进一步得到补充完善，毒品犯罪案件侦查措施方法的立法化、程序化也进一步得以体现。张谦元、王瑾对我国毒品犯罪的发展形势进行归纳研究，并以刑法规制为视角，对如何遏

---

❶ 赵永林．谈谈贩毒犯罪［J］．法学杂志，1984（6）：48－49.

❷ 黄绍智，董治良．禁毒对策研究［J］．法学，1990（12）：29－30.

❸ 曾喜田．关于毒品犯罪中毒品定量问题的探讨［J］．广西法学，1995（4）：43－49.

制毒品犯罪进行对策研究。[1] 樊学勇、陶杨从侦查诉讼目的角度对毒品犯罪案件侦查中的取证问题进行论述，亦是毒品案件侦查方法程序化的体现。[2] 熊秋红认为，尽管常规案件侦查措施方法仍是侦查破案的主流方式，但已逐渐向秘密侦查措施方法演进，伴随着常规侦查措施方法法治化发展，秘密侦查方法也会逐渐走向法治化轨道，值得重视的是秘密侦查措施方法使用中应注重对人权的保障。[3] 2012 年《刑事诉讼法》对技术侦查、隐匿身份侦查、控制下交付等常见毒品犯罪侦查措施方法进行专章规定，使秘密侦查措施方法的使用有了明晰的法律依据。吕新华、刘伟认为现有的涉毒资产调查方法的规定较为概括和零散，还存在很多立法真空地带，据此提出相应的完善对策。[4]黄海波指出，诱惑侦查方法在毒品犯罪侦查中一直存在法律适用困难、程序制约缺失等诸多问题，加强对诱惑侦查方法的程序控制似乎能更好地在打击犯罪和保障人权中寻求平衡。[5]

综上可以看出，随着社会的发展进步，毒品犯罪侦查方法的制定与运用逐渐开始受到刑事法律的规制，立法化、程序化趋势越来越明显，呈现出从侦查理念的法治化向取证方法、程序的法治化，再向毒品犯罪案件具体侦查措施方法、操作程式的法治化转变的趋势。

---

[1] 张谦元，王瑾. 21 世纪我国毒品犯罪的态势与刑法适用 [J]. 甘肃社会科学，2000 (6)：57 - 59.

[2] 樊学勇，陶杨. 毒品犯罪侦查取证问题反思——以批捕、审查起诉和审判为视角 [J]. 福建公安高等专科学校学报，2004 (5)：22 - 25.

[3] 熊秋红. 秘密侦查之法治化 [J]. 中外法学，2007 (2)：141 - 160.

[4] 吕新华，刘伟. 涉毒资产调查的法律规制 [J]. 山东警察学院学报，2017 (4)：80 - 87.

[5] 黄海波. 毒品犯罪诱惑侦查风险的程序控制 [J]. 政治与法律，2019 (10)：95 - 104.

三、毒品犯罪案件侦查方法的域外学习借鉴

陈如为对英国政府采用为吸毒人员提供毒品来减少吸毒人数的缉毒策略方法进行评说，并指出其实践弊端。[1] 月樵对意大利警方运用缉毒犬侦办毒品案件进行介绍说明。[2] 前江[3]、杨斌[4]分别介绍和论述了巴基斯坦和拉丁美洲的毒品犯罪问题及禁毒政策措施等，并指出侦办毒品犯罪案件需要加强国际合作。约翰·邓恩（John Dunn）和许国平对美国佛罗里达州坦帕市严重的毒品犯罪现状及禁毒政策进行说明，并对当地政府采取提高警察执法素质、拓宽信息收集渠道、运用战术方法、联合群众执法等措施提高破案率的成功经验进行介绍。[5] 万心蕙对美国的吸毒、贩毒等情况作了介绍，并结合美国的禁毒政策与禁毒立法对当时美国打击毒品犯罪的侦查方法进行论述，对我国打击毒品犯罪具有一定的借鉴意义。[6] 邵育群对阿富汗毒品犯罪现状及禁毒形势进行分析，提出解决阿富汗毒品泛滥问题的主要方法应当是找到适合本国国情的禁毒战略和开展国际合作，这种有效解决毒品犯罪泛滥问题的方法特别是国际合作方式值得我国借鉴。[7] 何雪倩通过对中泰两国的禁毒工作比较研究，提出中国打击毒品犯罪的可行之路。[8]

梳理如上诸多文献可以看出，一个国家的毒品犯罪案件侦查

---

[1] 陈如为．“以毒攻毒”的结果［J］．世界知识，1980（24）：31.
[2] 月樵．反毒品警犬［J］．世界知识，1982（13）：28.
[3] 前江．巴基斯坦的“金新月”与禁毒［J］．世界知识，1984（5）：29.
[4] 杨斌．拉丁美洲的毒品问题［J］．拉丁美洲研究，1987（5）：46－48.
[5] John Dunn，许国平．一个美国城市对毒品的反击［J］．世界科学，1992（9）：60.
[6] 万心蕙．美国的吸毒、制毒、贩毒、禁毒与缉毒［J］．九江师专学报，1997（1）：19－29.
[7] 邵育群．阿富汗毒品问题及相关国际合作［J］．现代国际关系，2009（1）：36－41.
[8] 何雪倩．泰国禁毒工作成效之思考［J］．云南警官学院学报，2016（3）：24－30.

方法的发展创新，不但与该国的禁毒政策紧密联系，而且与引进消化吸收国外先进理念、技术和经验方法息息相关。我国对国外缉毒方法的学习借鉴经历了从改革开放之初的对具体侦查策略方法的学习借鉴到归纳总结各国禁毒政策及缉毒策略，进而探寻适合中国国情的打击毒品犯罪的策略。从目前的研究可以看出，世界各国都普遍赞同国际全方位合作是打击毒品犯罪尤其是跨国毒品犯罪的有效之法，但所涉及的合作方式、路径及具体的侦查措施方法还有待深化研究。

四、毒品犯罪案件侦查方法的自我丰富创新

从我国目前的研究现状来看，侦查实践中，毒品犯罪案件侦查方法的自我丰富创新主要体现在宏观与微观两个层面：在宏观侦查方法层面，张守平对20世纪80年代初的跨国毒品犯罪进行介绍，指出遏制和打击跨国毒品犯罪需要全世界海关和警察联合起来才能奏效，这也是我国早期对通过国际合作侦办毒品案件重要性的认识。❶ 施国伟对当时我国昆明侦办的一起毒品案件的侦查方法进行陈述，并指出当时我国毒品侦查方法重在对毒品案件的经营，寻找上线、深挖罪行。❷ 梁惊喜指出，毒品犯罪的侦破方法应注重长期打算、控制阵地、隐蔽精干、内线侦查、外线解决、适时破案几个方面。❸ 章昌志认为毒品犯罪侦查方法的设计和筛选应包括贴靠侦查、放线侦查、诱惑侦查、追踪侦查、技术侦查、强制性侦查等几个方面，但其有效运用还应建立在警务合作基础、

❶ 张守平．国际上的贩毒与禁毒［J］．世界知识，1981（15）：32.

❷ 施国伟．斩断毒品走私黑线［J］．现代法学，1984（2）：83－85，65.

❸ 梁惊喜．关于毒品犯罪及其侦破方法的思考［J］．新疆公安司法管理干部学院学报，1995（2）：29－31.

证据意识基础和战略战术基础之上。[1] 夏健祥对毒品犯罪案件侦查中毒品检验方法进行论述，并对同一认定理论基础进一步予以阐释说明，指出将哲学中基本原理以及科学技术融入毒品检验方法中能够开阔视野，促进毒品检验方法的创新。[2] 许惠宏对我国当前新型毒品犯罪的现状及特点进行阐释，从立法层面上分析新型毒品犯罪的成因，指出打击新型毒品犯罪应注重从“打击团伙，寻找上线、深挖下线”上下功夫，在案件侦查中注重对证明主观“明知”的证据的收集。[3] 宋琦、徐军对我国新型毒品犯罪的概念及泛滥成因进行论述，认为打击新型毒品犯罪应注重开展专案斗争，以信息主导侦查、扩宽信息获取渠道等为重点，从生产、贩运、销售各个环节进行全方位的打击。[4] 德丽娜尔·塔依甫、张尧论述了毒品案件侦查中应当如何开展侦查经营以及开展侦查经营的意义。[5] 常建党以一起案例为例，从诉讼程序的视角探讨了对于“零口供”毒品犯罪案件证据能力和证明力的问题，为侦查机关侦办此类案件运用恰当的侦查方法提供了思路。[6] 在具体侦查方法层面，宋兴国指出警犬缉毒是一种有效的缉毒技术手段，并论述了在具体案件办理中的应用问题。[7] 陈济鹏、杨九六分析了贩卖零星毒品案件的特点，认为侦查此类案件应当采用“滚雪球”式的侦查模式，并遵循“主动进攻”、“机动灵活”、“因案施策”和

---

[1] 章昌志．毒品犯罪侦查方法的设计运用［J］．犯罪研究，2003（1）：47－50.

[2] 夏健祥．试论毒品来源同一认定的理论基础［J］．政法学刊，2004（5）：11－13.

[3] 许惠宏．新型毒品犯罪趋势及对策［J］．江苏警官学院学报，2007（6）：30－34.

[4] 宋琦，徐军．我国新型毒品犯罪现状及对策研究［J］．情报杂志，2011，30（S2）：50－51，59.

[5] 德丽娜尔·塔依甫，张尧．论侦查经营的几个基本问题［J］．中国人民公安大学学报（社会科学版），2016，32（3）：75－81.

[6] 常建党．“零口供”毒品案件的突破［J］．中国检察官，2018（24）：56－58.

[7] 宋兴国．使用警犬缉毒的探讨［J］．中国养犬杂志，1996（3）：44－48.

“快、准”的侦查原则。[1] 宫万路对贩卖毒品的基本流程进行介绍，并从设计购买的实施、证据固定等方面进行论述，为利用“设计购买”方式侦破贩卖毒品案件提供支撑。[2] 施华论述了以邮寄方式进行毒品犯罪的案件特点，据此指出侦办此类案件时应注重对邮局布控、地区排摸等侦查方法的应用，并注重依法获取证据。[3] 陆红军对各国诱惑侦查方法的使用进行详细的论述，指出诱惑侦查方法是侦办隐蔽性犯罪的有效之法，但在实施中应注意采用必要性的诱惑手段。[4] 李波阳、王肃元、刘忠等认为控制下交付作为毒品犯罪侦查中一种重要的手段，在具体实施过程中应注重情报的收集、坚持侦查秘密原则、树立“长期经营”的思想等。[5] 贾春宇、于凤荣认为诱惑侦查是侦办毒品案件的有效之法，但在具体实施过程中应注意法律规制，尤其是对毒品的“数量”引诱。[6] 梁春香认为贩毒案件的侦查方法应包括内线侦查、外线侦查、控制下交付等，并对其具体如何运用进行论述。[7] 王进英指出，诱惑侦查作为侦办毒品犯罪案件的一种常用侦查措施，应该在立法上予以规制。[8] 刘建

---

[1] 陈济鹏，杨九六．贩卖零星毒品案件的特点及侦查对策［J］．中国刑警学院学报，1997（1）：6－9.

[2] 宫万路．毒品案件侦查中设计购买的策略与方法［J］．刑侦研究，1998（6）：29－31，35.

[3] 施华．浅议邮寄毒品走私案的取证思路与侦破要点［J］．犯罪研究，2000（5）：40－41.

[4] 陆红军．毒品案件的诱惑侦查行为［J］．中国刑事警察，2000（6）：53－54.

[5] 李波阳，王肃元，刘忠，等．论贩毒案件侦查中如何实现“控制下交付”——西部地区毒品犯罪对全国禁毒工作的影响研究之一［J］．甘肃政法学院学报，2002（6）：97－100.

[6] 贾春宇，于凤荣．诱惑侦查及在毒品案件中的使用［J］．吉林公安高等专科学院学报，2003（3）：72.

[7] 梁春香．论贩毒案件的侦查方法［J］．武警学院学报，2005（3）：10－12.

[8] 王进英．论毒品犯罪案件侦查中的诱惑侦查［J］．山东警察学院学报，2007（4）：73－76.

强对制造冰毒案件的概念、宜于采用的公开侦查措施和秘密侦查措施进行详细论述。❶ 徐永胜、霍耀刚对零星贩卖毒品案件如何运用诱惑侦查进行探讨。❷ 孙聪以一起典型案例为例，探讨了为吸毒者代购毒品案件的司法定性问题，为侦查机关侦办此类案件时的证据收集起到了一定的指引作用。❸ 高洁峰论述了在零星贩卖毒品案件中诱惑侦查与卧底侦查的具体应用问题。❹ 于喜洋对控制下交付与诱惑侦查概念及特点进行论述，并在具体案件侦查中对两种侦查措施方法的优劣进行对比分析。❺ 乔璟璟以 2012 年《刑事诉讼法》修改为背景，对毒品犯罪案件侦查中技术侦查措施的运用以及注意的方面进行论述。❻ 李洁晖指出，在毒品犯罪案件侦查中，控制下交付是一种有效的侦查措施，但由于立法规定得过于笼统，使其在具体实施过程中面临诸多困境，建议在相关法律条款中给予详细规定。❼

对如上的诸多文献梳理可以看出，侦查实践中，毒品案件侦查方法的创新主要体现在宏观侦查方法和微观侦查方法运用两个层面。在宏观侦查方法不断丰富与创新的过程中，哲学、经济学等基本原理的充分应用、犯罪规律特征的分析掌握、“深挖上线、

---

❶ 刘建强. 论制造冰毒案件的侦查 [J]. 湖北警官学院学报，2008 (4)：81－86.

❷ 徐永胜，霍耀刚. 诱惑侦查在零星贩卖毒品案件中的应用研究 [J]. 河北公安警察职业学院学报，2008 (3)：10－12，15.

❸ 孙聪. 为吸毒者代购毒品在运输途中被查获的司法定性——姚某某非法持有毒品案 [J]. 中国检察官，2010 (24)：66－69.

❹ 高洁峰. 零星贩毒案件中的诱惑侦查行为 [J]. 云南警官学院学报，2011 (4)：32－37.

❺ 于喜洋. 论毒品案件侦查中控制下交付与诱惑侦查的异同 [J]. 辽宁公安司法管理干部学院学报，2011 (4)：47－48.

❻ 乔璟璟. 技术侦查措施对毒品案件的影响 [C] // 第八届国家高级检察官论坛论文集：侦查程序的修改与检察工作应对，2012：11.

❼ 李洁晖. 我国毒品犯罪的控制下交付探析 [J]. 天津法学，2015，31 (1)：96－102.

寻找下线”侦查目的的确立、积极经营思想的有序开展已然成为毒品犯罪案件宏观侦查方法设计运用的基础要素，并使宏观侦查方法逐渐实现由“粗放型”向“精细化”转变；在微观侦查方法不断丰富与创新的过程中，对毒品犯罪发展趋势及内在规律深刻把握是侦查方法不断丰富创新的源泉，而相关的法律、法规、制度等得到不断地完善与细化，也使得禁毒立法开始逐渐对毒品犯罪案件侦查方法的设计运用起到明确的规范与指引作用。在此背景下，缉毒人员为查明案件事实，在侦查过程中也开始注重对涉案证据的全方位收集，整个侦查方法的法治化、规范化程度也逐步得到提高。另外，随着毒情形势的发展，毒品犯罪案件具体侦查方法也逐渐从传统型方法向秘密侦查方法和信息化侦查方法转变，侦查方法的创新也更多地体现在秘密侦查方法与信息化侦查方法的创新之中，但现有的禁毒立法对秘密侦查方法规定的羸弱仍使秘密侦查方法在实际运行中遇到诸多现实困境。

五、毒品犯罪案件侦查方法与现代科技的深度融合

公安部第二研究所于1985年研制出“麻醉毒品现场检验箱”，该检验箱可以在毒品犯罪案件现场勘查中利用化学反应原理迅速检测出市面流行的几类常见毒品，为毒品犯罪案件侦查提供了重要手段，该成果弥补了我国毒品犯罪现场勘查检验的空白。[1] 1992年，该所又研制出B型“麻醉毒品现场检验箱”，该箱不仅可以在犯罪现场迅速检测出市面上常见的毒品，还可用于实验室进行定性筛选，为毒品犯罪现场勘查中的证据的固定收集提供了技术

---

[1] 公安部第二研究所．公安部第二研究所研制的《麻醉毒品现场检验箱》通过技术鉴定［J］．刑事技术，1985（5）：44.

支撑。[1] 孙光、陈月认为，利用红外光谱模式可以对毒品同一来源性进行检验鉴定，该技术对侦查人员侦破毒品团伙犯罪案件将起到不可忽视的作用。[2] 李文君、姜康康、张黎论述了网络毒品犯罪的侦查方法，认为在依托网络平台销售毒品和易制毒化学品、传授制毒方法及工艺等涉毒犯罪愈演愈烈的情势下，应加强对虚拟空间、电子商务平台和寄递物流的监管，充分利用虚拟空间涉毒阵地控制、信息化手段和控制下交付措施实现对虚拟网络涉毒犯罪的有效打击。[3] 李强对毒品犯罪案件信息化侦查的概念进行叙述，并针对现实存在的信息化侦查法律依据不健全、犯罪手段多样化、信息化侦查发展缓慢等诸多问题提出相应的解决办法。[4] 胡向阳、张巍从网络交易的视角对毒品恐怖融资的行为构造和趋势进行分析，进而提出开展大数据侦查的策略方法。[5] 杨玉晓对暗网毒品犯罪黑灰产业惩治及预防对策进行探讨，指出引导开发大数据智能软件，对相关售卖企业、互联网金融企业及物流企业有重点地实施企业合规计划才能规制涉毒黑灰产业，从源头上挤压暗网毒品犯罪存在的空间。[6]

综上可以看出，随着科学技术的发展，各类信息技术手段开

---

[1] 公安部第二研究所．麻醉毒品现场检验箱（B型）通过测试和评审［J］．刑事技术，1992（2）：9.

[2] 孙光，陈月．红外光谱模式识别技术鉴定毒品同一来源［J］．江苏公安专科学校学报，1998（3）：102－104.

[3] 李文君，姜康康，张黎．虚拟空间涉毒犯罪研究［J］．中国人民公安大学学报（社会科学版），2013，29（1）：119－125.

[4] 李强．毒品犯罪案件中信息化侦查相关问题研究［J］．武汉公安干部学院学报，2018，32（2）：33－37.

[5] 胡向阳，张巍．毒品恐怖融资的行为构造与趋势研判——以网络交易为视角［J］．江西警察学院学报，2020（2）：18－24.

[6] 杨玉晓．暗网毒品犯罪黑灰产业的惩治及预防［J］．山东警察学院学报，2021，33（5）：105－115.

始逐渐融入毒品犯罪案件侦查领域，主要表现在毒品检验鉴定技术与信息化侦查方法的不断丰富与创新之中，将侦查方法运行的触角从传统的“物理空间”伸向“虚拟网络空间”，在扩展侦查方法适用空间的同时，也为毒品犯罪案件侦查工作带来巨大的效益。但随着信息化的飞速发展，信息化侦查方法运行中法律规制不全、策略手段僵化的问题也逐渐展现出来，逐渐受到理论界的重视。

第三节 研究方法

一、文献分析法

任何研究都应当是对以往相关研究的传承和发展。通过对历史文献的收集、整理、鉴别以及归纳、分析和总结，可以在全面掌握研究背景的基础上，发现突出存在的问题，寻求问题解决的方向、方法和手段。本书中，运用文献分析法可以全面、系统地掌握国内外有关毒品犯罪案件侦查方法研究的现状、动态和趋势，掌握相关的政策、法律、法规、对策等，为深化毒品犯罪案件侦查方法研究奠定坚实基础。

二、比较借鉴法

比较是指对比两种或两种以上的同类事物的异同、高低，是主体认识和掌握事物的一种方法。相较于国外，我国对于毒品犯罪案件侦查方法的研究起步较晚，仍处于探索发展期，而通过与其他国家尤其是法治化程度较高的美、英、德、日等国的对比研究，可以很好地学习借鉴这些国家在毒品犯罪案件侦查中的相关经验做法，取人之长，补己之短，从而达到不断丰富和完善我国毒品犯罪案件侦查方法之目的。需要说明的是，对其他国家理念或经验的引入不可盲目冒进，必须与我国毒品犯罪案件侦查制度自身的特点相契合。

三、案例分析法

毒品犯罪案件侦查方法是以人脑作为“指挥中枢”，综合侦查主体、侦查环境、侦查工具、侦查措施手段而扩开的一种以实现特定目的的程序性思维体系。在具体侦查方法运行过程中，无论何种类型的毒品犯罪案件都是缉毒侦查方法研究中不可多得的原始材料，缉毒人员通过对成功案例中的侦查方法的梳理总结，可以不断丰富和完善我国毒品犯罪案件的侦查方法；通过对失败案例中侦查方法的研究分析，可以汲取失败经验教训，改良现有侦查方法，进而更好地指导实践。

四、统计分析法

统计分析法是社会学研究领域常使用的一种分析方法，是一种以微观视角为研究起点，通过对数据的收集、统计和分析，进而研究事物宏观性质及规律的独特方法。在毒品犯罪案件侦查方法研究中，无论是前期文献资料的收集分析，还是后期对毒情形势的分析等均离不开统计分析方法，其具体的适用流程可以大致总结为：确定统计工作目标—确定统计调查对象、范围、指标以及分组方法—收集相关数据资料—进行汇总和处理—进行统计分析。

五、多学科交叉研究法

毒品犯罪是成因极其复杂的刑事犯罪，不仅受毒源地政治、经济、文化等多方面因素的影响，还受毒品价格、替代品价格、毒品供应商成本与收益等因素的微妙影响。❶ 与此相对应，毒品犯罪案件侦查方法的设计运用应当综合考虑上述因素，充分融入哲学、法学、经济学、行为科学、心理学等学科的基本理论原理，以达到不断丰富和完善毒品犯罪案件侦查方法体系之目的。

第四节 研究价值

一、创建高效的毒品犯罪案件侦查方法运行机制

从词义本身考察，“机制”一词具有四层含义：其一是指机器的构造及其工作原理；其二是在生物或医学领域，指生物有机体的结构组成及相互关系；其三是在物理、化学领域，反映物理与化学变化中的自然规律；其四则用于泛指某一有机体的组织结构、功能及相互关系。在毒品犯罪案件侦查方法运行中，侦查方法的运行机制主要是在第四层面上使用“机制”一词，具体指毒品犯罪案件侦查方法运行主体、运行环境、运行措施手段、运行工具之间相互作用的过程、方式、原理以及规律的总和。目前我国毒品犯罪案件侦查方法运行中存在的侦查主体认知模式固化，相关体制机制衔接不畅、法律制度的不完善等问题严重制约了毒品犯罪案件侦查方法的顺利开展，更阻碍了对毒品犯罪活动打击实效的取得。为此，创建高效的毒品犯罪案件侦查方法运行机制应以优化侦查方法运行主体与运行环境为研究之逻辑起点，通过提高缉毒人员对毒品犯罪内在规律的认识以及对新型毒品的识别能力，完善新型毒品的列管方式、“取样—送检”的衔接制度，强化情报

---

❶ 李莉，李倩．毒品犯罪侦查的系统论分析［J］．人民论坛，2010（23）：124－126.

信息交流等方式、构建多维度的国际侦查合作机制、完善毒品犯罪案件国际侦查合作双（多）边协作条约，以及细化秘密侦查特别授权条款等方式，最终构建出一套运行科学的毒品犯罪案件侦查方法体系。

二、构建多元化的毒品犯罪案件侦查方法

从侦查方法概念的内涵来看，动态性和创新性是侦查方法的本质属性，当然，亦是毒品犯罪案件侦查方法的本质属性，其决定了毒品犯罪案件侦查方法的运行总是处于不断地运动变化之中，并在此过程中呈现出多样性的发展态势。

然而，目前我国禁毒立法中固有的功利主义色彩以及近年来信息化侦查方法的“侵入式”发展使毒品犯罪案件侦查方法整体呈现单一化的发展趋势，背离了侦查方法设计运用的初衷，更造成侦查方法实际运行的偏执与固化。为此，构建多元融合的毒品犯罪案件侦查方法应着重从侦查思维方式、侦查策略手段和侦查价值体系三个方面着手。在侦查思维建构上，一方面将系统化的侦查思维融入其中，以消解毒品犯罪案件侦查思维模式中的片面性与孤立性；另一方面应强化缉毒人员在信息化侦查中的主导作用，以改变固化的信息化侦查思维模式。在侦查策略手段运用上，通过树立正确的信息化侦查观以打破对信息化侦查的迷思，通过充分发挥传统型侦查方法的优势，最终实现与信息化侦查方法的优势互补。在侦查价值体系构建中，通过合理地引入权利保障型侦查目的观以实现秩序正义优先的侦查内在价值；从实体效果、社会效果和法律效果三个维度出发，构建综合全面的侦查外在价值体系。通过上述措施，最终构建起一个科学、系统、客观、全面的多元融合的毒品犯罪案件侦查方法体系。

三、建构系统完备的毒品犯罪案件秘密侦查制度

从我国现行的有关秘密侦查的立法条文可以看出，刑事诉讼法立法条文规定的模糊笼统、相应配套立法中法律规定的重复与泛化，以及特情、卧底管理体制的不规范是造成毒品犯罪案件侦查中秘密侦查方法运行失范的主要症结所在。因此，解决秘密侦查措施方法运行的失范性困境应着重从以下三个方面入手：一是在刑事诉讼立法条文中增加秘密侦查特别授权条款数量、细化秘密侦查特别授权条款规范、确立秘密侦查实施基本原则来规制毒品犯罪案件侦查中秘密侦查的使用；二是在相关配套立法中，在不违背上位法的原则上，根据侦查实践的需要，制定出更具可操作性的细化规定，如进一步完善秘密侦查的适用案件范围、启动条件、授权主体、实施程序、实施期限、行为方式、措施手段等，以缓和毒品犯罪案件秘密侦查实施过程中的诸多实践冲突；三是在公安机关内部管理制度中针对我国特情、卧底的使用管理体制不统一、不规范等现实问题，着重从刑事特情招募与管理、卧底选任与管理两方面着手，强化对特情、卧底人员的监督与管理。通过以上三个方面的完善，最终构建出系统完备的毒品犯罪案件秘密侦查制度。

第二章

>>> 毒品犯罪案件侦查方法概述

在刑事案件侦查中，侦查方法的运行以人脑作为“指挥中枢”，是综合侦查主体、侦查环境、侦查工具、侦查措施等要素后而展开的一种以实现特定目的的程序性思维体系，是抽象的逻辑思维运行过程。毒品犯罪案件侦查方法作为侦查方法的子系统，必然以侦查方法的概念、运行结构、类型划分作为其研究之基础。不同的是，毒品犯罪案件因其独有的特殊性，又呈现出与一般刑事案件所不同的个性特征，进而使得整个毒品犯罪案件侦查中侦查方法的运行模式、运行环境以及策略手段均呈现出自身独有的特性，揭示这种独特性也就成为毒品犯罪案件侦查方法研究之前提与基础。

第一节　侦查方法的概述

一、侦查方法的概念

概念是对事物本质属性的抽象概括，因此，对概念清晰准确的界定是开展理论与实践研究的基础，亦是研究的起点。[1]

（一）侦查方法与相关概念辨析

1. 方法与侦查方法

（1）方法的概念。

早在2400多年前，《墨子·天志·中》中就出现了“方法”一词：“中吾矩者谓之方，不中吾矩者谓之不方，是以方与不方，皆可得而知之。此其故何？则方法明也。”我们的日常生活及理论研究中均离不开方法一词，方法作为人们认识世界的中介与桥梁，将认识的主体和认识的客体联系起来，是我们认识和把握事物发展规律的工具和手段。人类在早期的生存、劳作和生产过程中，便运用口头传授或文字记载的方式对实践中不断总结的方法进行传承和记载。随着人类认识活动的不断深入和科学技术的长足发展，方法在生活、生产过程中进一步得到概括和总结，并在理论上形成系统化的体系，又对具体方法的实施进行指导。因此，无论是各门学科中使用的个别方法（如物理学中的光谱分析法），还是在个别方法基础上进一步总结出来的特殊方法和一般方法（如观察法、实验法、具体问题具体分析的方法等），都成为从方法形成方法论的重要过程。[2]

诚如爱因斯坦所言：“一个概念愈是普遍，它愈是频繁地进入我们的思维之中，它同感觉经验的关系愈间接，我们了解它的意义也就愈困难。”[3] 方法的概念便是如此，由于方法在人们日常生活及理论研究中使用极为频繁，众多论著对方法概念的界定也不

---

[1] 段喆斐．有限理性研究视阈下的侦查决策研究［D］．武汉：中南财经政法大学，2018：17.

[2] 刘冠军．哲学方法论论纲［J］．理论学刊，2001（11）：56－58.

[3] 爱因斯坦．爱因斯坦文集［M］．许良英，等，编译．北京：商务印书馆，1976：245.

胜枚举。列宁在其著作中曾引用黑格尔对方法的界定，认为“方法是主观方面的某种手段，主体借助于方法这种工具与客体发生关系”。[1] 英国哲学家培根更加形象地将方法称为“心的工具”，认为方法是黑暗中照亮道路的明灯，是条条蹊径中的路标，其作用就是给理智提供“暗示或警告”。[2] 因此，就概念本身而言，方法就是主体把握客体的手段、方式及途径的总和，是主客体发生关联的中介和条件。[3] 方法的具体运行则是以人脑作为“指挥中枢”，综合运行主体、运行环境、运行工具及措施手段而扩开的一种实现特定目的的程序性思维体系。

(2) 侦查方法的概念。

方法被侦查主体运用于侦查过程即构成侦查方法。在侦查学的研究体系中，侦查行为作为侦查学当然的研究对象，对侦查行为规律和原理的归纳和发掘就是侦查方法具体运行之体现，而侦查行为自身的一般行为属性，即对抗性和目的性更使侦查方法无论在侦查实践还是在侦查理论研究中都占据着独特的地位，成为侦查学研究的子学科之一。[4] 在侦查学研究中，侦查方法这一概念的提及始于20世纪80年代《犯罪侦查方法的中心问题》这篇文章，随后，《侦查方法史考（一）》《侦查方法史考（二）》两篇文章以及《侦查方法学》《侦查方法论》两本著作分别从历史发展的纵向角度及侦查方法运行系统本身对侦查方法进行了研究。侦查方法概念的提出是侦查理论发展的结果，更是对犯罪活动规律和

---

[1] 列宁. 列宁全集（第38卷）[M]. 中央编译局，编译. 北京：人民出版社，1959：236.

[2] 北京大学哲学系外国哲学史教研室. 十六—十八世纪西欧各国哲学 [M]. 北京：生活·读书·新知三联书店，1958：9.

[3] 杨宗辉，刘为军. 侦查方法论 [M]. 2版. 北京：中国检察出版社，2012：2

[4] 刘为军. “法”与“方法”视角下的侦查学研究对象 [J]. 公安学研究，2019（2）：45-61，123-124.

特点、侦查行为及其规律深刻归纳总结的体现，而侦查方法自身的丰富与创新更加强了侦查学与其他学科之间的联结与互动，是侦查学基础理论的重要组成部分，更是指导侦查行为具体实施的科学之法。

侦查方法的概念提及至今，学者们基于不同的研究旨趣，分别从不同的角度对侦查方法进行了界定。何家弘从纵向研究的视角对何为侦查方法进行了界定，认为侦查方法的发展与人类的认识能力发展是相一致的，与犯罪活动的变化是相适应的，而最终是由社会生产力的发展所决定的。[1][2] 李锡海在前人研究的基础上，较早地对侦查方法的概念进行了界定，并成为目前众多论著所普遍采纳的通说观点，该观点认为，侦查方法是侦查主体在侦查活动中为完成侦查任务或达到侦查目标所采取的步骤、规划、程序和手段。[3] 任克勤在概念界定时，对侦查方法进行了层次性划分，认为侦查方法可以分为宏观的侦查方法、中观的一般侦查方法和微观的具体侦查方法。[4] 王大中从行为学的视角给予我们研究侦查方法的新路径，认为侦查方法的研究应与犯罪行为的内容、过程、手段等要素密切相关。[5] 刘南男[6]、林维业[7]都从侦查目的的角度对侦查方法进行了界定，认为侦查方法是在案件立案后，侦查主体在认识和掌握犯罪活动规律特点的基础上，为达到侦查目的所

---

[1] 何家弘. 侦查方法史考（一）[J]. 公安大学学报，1988（6）：72 -76.

[2] 何家弘. 侦查方法史考（二）[J]. 公安大学学报，1989（1）：77 -81.

[3] 李锡海. 侦查方法学 [M]. 北京：中国人民公安大学出版社，1993：11.

[4] 任克勤. 刑事侦查方法论 [J]. 湖南公安高等专科学校学报，1999（4）：3 -5.

[5] 王大中. 试论侦查学研究的方法论 [J]. 中国人民公安大学学报（社会科学版），2008（2）：1 -8.

[6] 刘南男. 从侦查方法到侦查方法论：侦查学理论研究的必由之路 [J]. 北京人民警察学院学报，2009（2）：53 -56.

[7] 林维业. 论侦查方法创新 [J]. 北京人民警察学院学报，2009（6）：55 -57.

采用的具体方法，是侦查技术和侦查谋略在案件侦办过程中的有机结合。杨宗辉等❶、刘为军❷以侦查学研究对象为视角，对侦查方法的内涵进行了界定，从侦查方法自身的特点出发，将侦查方法的概念界定为“由侦查目的、侦查途径、策略手段、侦查工具及其操作程式等要素组成的选择系统”。谢盛坚等认为侦查方法的创新应当包括战略性创新、战术性创新及保障性创新三个层面。❸

综上所述，目前我国学界对侦查方法概念的界定因研究方向的不同而呈现出“百花齐放、百家争鸣”的局面，但可以肯定的是，学者普遍认为侦查方法概念的界定与犯罪行为及其活动规律、侦查目的、侦查行为、侦查程序等要素密不可分。上述通说的观点虽然直观反映了侦查方法的目的性、程序性等特点，但忽视了侦查方法本身所具有的动态性、创新性、系统性、可选择性等本质特点。申言之，侦查方法应是一个可选择、可借鉴、可操作、可创新的体系或系统，因此，将其概念界定为侦查目的、侦查途径、策略手段、侦查工具及其操作程式等要素组成的选择系统似乎更能准确包含上述特点。

2. 侦查方法与侦查谋略、侦查策略

侦查谋略，是指在侦查对抗中，侦查人员为了强化自己，削弱对手，以巧制胜所设计的计策方略。❹ 所谓侦查策略，是指侦查主体为达到一定的侦查目标，在实施侦查行为过程中对一定的侦

---

❶ 杨宗辉，刘为军．侦查方法论［M］．2版．北京：中国检察出版社，2012：13.

❷ 刘为军．“法”与“方法”视角下的侦查学研究对象［J］．公安学研究，2019（2）：45－61，123－124.

❸ 谢盛坚，林维业．侦查方法创新之我见［J］．政法学刊，2013（1）：98－103.

❹ 王传道．侦查谋略学［M］．北京：中国政法大学出版社，2004：7.

查对象所采取的灵活有效的方法，是科学的思想方法和工作方法。[1] 从概念可以看出，侦查谋略是对抗性思维具体运用的体现，既谋人又谋己，其内容更多地包含了侦查指挥，应属宏观范畴。侦查策略则更注重侦查过程中具体措施手段的开展方法。具体来说，侦查谋略的适用对象就是侦查对象，更多涵盖的是一种“为将之道”和“励士之策”，而侦查策略则针对的是与案件有关的具体的人、事、物及场所。[2] 就侦查谋略、侦查策略与侦查方法的概念来看，侦查谋略、侦查策略与侦查方法之间并无本质区别，但从不同场合的适用性上看，侦查方法与侦查谋略、侦查策略之间却呈现出或等同或包含的关系。从狭义层面理解，侦查方法与侦查谋略、侦查策略可以相互等同；从广义层面理解，侦查谋略、侦查策略只是多内涵侦查方法中的一个侧面。然而，侦查谋略、侦查策略对侦查方法本身的意义并不仅限于此，案件侦查中谋略或策略的实施并不仅是固有操作程式的随机组合，借鉴或移植其他学科中的有益经验并用于具体案件的侦查中可从一定程度上丰富和完善侦查方法的内涵，促进侦查方法的创新。

3. 侦查方法与侦查措施

就侦查方法与侦查措施的关系而言，一些学者将侦查措施与侦查方法作为侦查学研究对象中两个独立的部分予以研究，并将侦查措施界定为侦查机关在实施个别侦查行为时的部署和所采取的策略手段，将侦查方法界定为侦查各种案件所采取的策略方法。[3] 这种界定方法似乎很难将侦查措施和侦查方法予以区分，反而引起两者概念的混淆，让人误以为侦查方法着重于宏观层面的研究，

---

[1] 郑晓均．侦查策略与措施［M］．7版．北京：法律出版社，2018：4.

[2] 任惠华，熊鑫．侦查策略概念探析［J］．四川警察学院学报，2009（12）：6－11.

[3] 张玉镶，文盛堂．当代侦查学［M］．北京：中国检察出版社，1998：3－4.

而将侦查措施视为侦查方法锁链上静止的点，进而忽略侦查措施自身的灵活性。从理论层面上看，将侦查措施与侦查方法进行硬性区分并无多大意义，因为侦查措施本身的开展也就是侦查方法具体运行的体现，需依据侦查情势的变化进行有选择的操作。如在现场勘查中，法律、法规及规范性文件对现场勘查的人数、现场访问笔录的签名、勘验检查笔录上的见证人签名等都作出了程序性规定，但案件千差万别，具体案件的现场保护方式、证据固定、证据收集、证据提取、实地勘验检查记录撰写等都应该因案件而异，现勘人员可根据具体案件的特点作出灵活处理，随机应变。从这个意义上讲，侦查措施完全可以纳入侦查方法的范畴，更是侦查方法思维逻辑外化的具体体现。

（二）侦查方法概念的内涵与外延

1. 侦查方法概念的内涵

内涵是概念所反映的事物本质属性的总和，是概念的具体内容，[1] 亦是对概念的进一步解读。从侦查方法概念的内涵来看，动态性和创新性是侦查方法概念的本质属性，是侦查方法内涵的应有之义。在案件侦查中，随着人们认识活动的不断深入和认识对象的不断变化，侦查方法的动态性、创新性特征也愈加凸显，其动态性主要体现在侦查方法的运行环境之中。随着侦查情势的不断变化，侦查主体也需对侦查方法作出不断调整，因此，侦查方法具有灵活性、多样性、流动性及面向未来性等诸多特点，这也正是方法依据情势变化的具体体现；创新性主要表现在侦查方法的来源之中，侦查人员在案件侦查过程中不仅可以归纳总结出适用于案件侦查的方法，也可以通过对其他学科方法的引用借鉴，

---

[1] 中国社会科学院语言研究所词典编辑室. 现代汉语词典 [M]. 7 版. 北京：商务印书馆，2016.

从而挖掘出适用于侦查的有效之法。此外，系统性和可选择性亦是侦查方法概念的本质属性。侦查方法虽具有动态性和创新性，但侦查方法的运行与创新并不是漫无目的的，而是受侦查目的体系、侦查客体战术手段以及侦查程序等诸多方面的限制，侦查主体必须根据侦查情势的发展在“侦查法”[1]允许的幅度内作出正确的选择。

2. 侦查方法概念的外延

近代逻辑学教科书之一的《波尔－罗亚尔逻辑》首次对概念的内涵和外延进行了区别。在逻辑学上，外延是概念所确指的对象的范围。侦查方法是由“侦查”和“方法”两个词语组成的，“侦查”通过对“方法”一词的限制，确定了侦查方法与方法的种属关系，即侦查方法概念的外延包含于方法的外延之中。然而，方法是具有层次性的。按照方法普适性程度的高低及作用的大小，可以将方法分为一般方法、特殊方法和个别方法；按照人类认识的阶段性来划分，可以将方法划分为感性的方法、理性的方法和创新的方法。侦查学作为一门具体的学科，其外延所指对象是个别方法，是方法体系中的第三层次，应属具体的方法。如围绕“七何要素”开展侦查的方法，又如侦办零星贩毒案件中采用的“滚雪球式”的侦查方法；从方法划分的第二层次来看，侦查方法的外延所指的对象范围涵盖感性的方法（如侦查实验、询问讯问等）、理性的方法（如同一认定、物质交换以及信息转移等）和创新的方法（如侦查假说等）。需要说明的是，创新是侦查方法发展的原动力，而侦查方法创新的源泉主要来源于自身的创新以及对

---

[1] 侦查学的研究对象应立足于侦查行为本身，而侦查行为自身的一般属性、社会属性、法律属性又进一步可以将侦查学的研究对象细化为“侦查方法”和“侦查法”，其中“侦查法”具体涵盖了一切与侦查有关的具有法律约束力的行为规范，具体可参见傅美惠．侦查法学［M］．北京：中国检察出版社，2016.

哲学、逻辑学、心理学等其他学科方法的借鉴和挖掘。

二、侦查方法的结构

结构是指具有整体性的若干转换规律组成的一个有自身调整性质的图式体系。[1] 所谓侦查方法的结构，就是侦查方法运行中诸结构要素之间相互联系、相互作用的形势。对侦查方法结构的深入探讨，有助于我们更精准地掌握侦查方法的运行原理及运行程序，进而将抽象的过程具体化。

（一）横向静态结构

从横向的静态结构来看，侦查方法的结构要素由侦查目的、侦查途径、侦查策略手段、侦查工具及其操作程式组成。具体分布在方法运行的体统之中，并支撑起了侦查方法系统运行的整体框架。但是，这并不意味着各构成要素彼此之间是相互孤立的、毫无联系的。恰恰相反，构成侦查方法的诸要素彼此之间更多地表现出相互联系、相互制约与相互作用的模式。具体而言，侦查目的始终处于侦查方法系统运行的最高层次，是运用侦查方法想要达到的境地或实现的结果；侦查途径是侦查主体为达到侦查目的所面临的路径选择，更为侦查目的的实现提供了基本保障；而侦查策略手段、侦查工具及其操作程式则是在侦查途径确定后具体解决侦查主体要采用什么措施方法、运用什么工具手段的问题。从系统论的角度来看，上述几个要素之间是层层相连、环环相扣的，并共同支撑起了整个侦查方法运行的基本框架；从具体方法的角度来看，构成侦查方法运行框架的每一要素本身也具有多样性、可选择性等特征，其又具体组合成了侦查方法运行系统中的

---

[1] 皮亚杰．结构主义［M］．倪连生，译．北京：商务印书馆，1984.

无数子方法，而这些子方法通过有序的执行操作最终实现了整个侦查方法的顺利运行（见图2－1）。

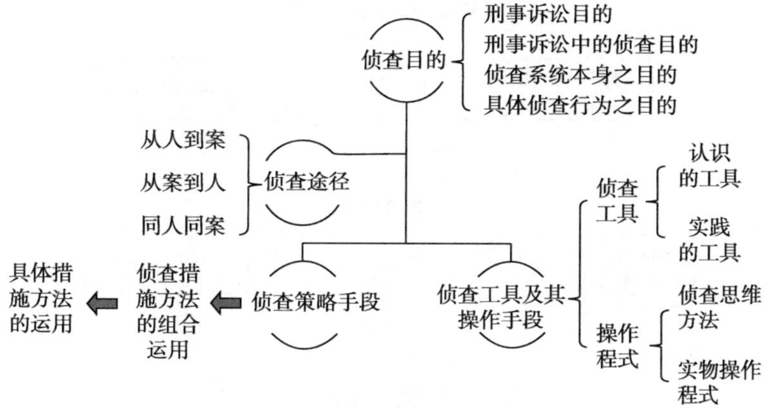

图2－1　侦查方法横向静态结构示意

（二）纵向动态结构

从纵向动态结构来看，侦查方法的纵向结构即为侦查方法思维运行的全过程，是思维方法动态运行的体现，具体表现在侦查方法目的之确立、案件信息的收集、侦查方案的制定（包括采取何种侦查策略手段、运用何种侦查工具等）、侦查方法的可行性分析、侦查方法实施效果的评价、侦查方法的修正等。然而，在具体案件的侦查过程中，侦查方法的运行会依据侦查情势的变化，随时作出相应的调整，而这种调整将会引起侦查方法实施各阶段的相应调整，甚至出现侦查方法实施程序的循环与反复。以毒品犯罪案件侦查方法的运行为例，毒品犯罪案件侦查方法的纵向动态结构具体表现在毒品犯罪案件侦查目的之确立、情报收集与研判、制定具体的缉毒侦查方案、根据缉毒侦查情势变化调整缉毒侦查方法、具体方案的可行性分析、缉毒侦查方法的修正等环节，其思维发展的过程会依据具体案情的发展而随时作出调整，甚至出现缉毒侦查目的重新修正等局面（见图2－2）。

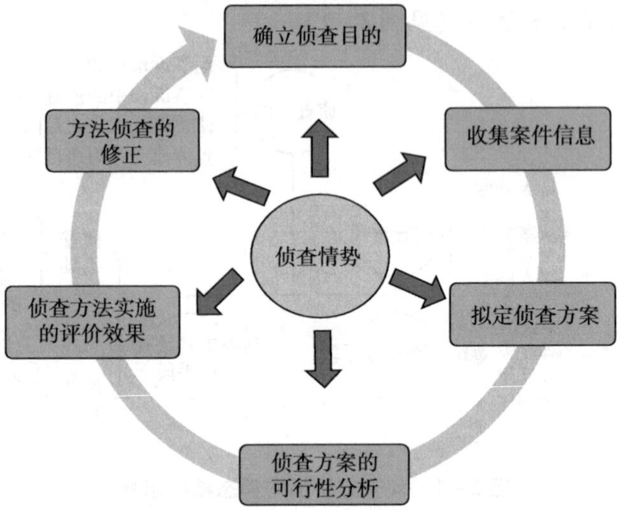

图2－2　侦查方法的动态运行结构

三、侦查方法的类型划分

刑事犯罪案件所涉内容十分宽泛，作为犯罪对抗性工具的侦查方法，是以复杂的侦查情势作为其运行基础的，而侦查方法自身运行结构的复杂性、动态性、可选择性等特征又使侦查方法的内涵极为丰富，依据不同的分类标准，可以将其大致分为以下几类。但需要说明的是，下列几种分类方法并不能完全涵盖所有的侦查方法。

（一）一般侦查方法与专门侦查方法

根据侦查方法适用范围的不同，可以将侦查方法分为一般侦查方法和专门侦查方法。一般侦查方法是侦查学领域内具有普适性的侦查方法，是得到普遍认可的一种侦查方法的运行范式。正因如此，一般侦查方法往往被上升到侦查程序制度的层面，成为各类案件侦查中均可适用的标准范式，如按照“侦查方法的设计与运用—侦查取证—侦查破案—侦查终结”运行的基本程式，[1] 又如同一认定、侦查询问讯问、犯罪现场勘查等均属侦查的一般方法。专门侦查方法是指侦办不同类型案件或者不同性质刑事案件时所采用的特殊的或侧重采用的侦查方法。[2] 从适用范围来看，专门侦查方法仅适用于具体领域或某些领域而非所有领域；从内容范畴来看，专门侦查方法并不能完全包含在一般侦查方法之中，其是在一般侦查方法研究基础上的创新，是根据案件特点而设计的有针对性的方法。例如，毒品犯罪案件的侦查方法便是在一般侦查方法基础上针对毒品犯罪的特殊规律而制定的有效之法。

（二）宏观侦查方法与具体侦查方法

依据侦查方法功能范围的不同，可以将侦查方法分为宏观侦查方法与具体侦查方法。宏观侦查方法是为整个侦查的宏观目标所服务的，是制约侦查全局的方法，更是侦查中深谋远虑思想的具体体现，其设计与运用的正确与否直接决定着案件整体效果的实现。例如，案件侦查中指挥与组织的方法就是宏观侦查方法的具体运用，如若侦查指挥的方向错误或是人员组织布局的方式不尽合理，必然会对整个案件实际效果的取得造成致命的打击。具体侦查方法应是与侦查实践联系最紧密的侦查方法，是侦查具体环节上依据侦查情势的变化而灵活机动地采取的应对之法。例如，毒品犯罪案件侦查中采用特情侦查时，当发现特情人员已经“反水”而提供虚假情报时，所采取的果断处置、迅速改变战术的思维方法就是具体侦查方法的一种。

---

[1] 杨宗辉，王均平．侦查学［M］．北京：群众出版社，2002：433.

[2] A·H. 瓦西利耶夫．犯罪侦查学［M］．原因，译．北京：群众出版社，1985：431.

（三）传统型侦查方法与信息化侦查方法

根据侦查方法所侧重利用的原理以及与信息技术的融合度，可以将侦查方法分为传统型侦查方法和信息化侦查方法。传统型侦查方法立足于犯罪现场，更多地借助于刑事案件侦查基本原理分析和判断案情，通过物证调查、摸排走访等传统手段查明案情、收集证据和查找犯罪嫌疑人的侦破方法，[1] 是案件办理过程中对侦查实践经验的总结与升华，更是侦查谋略思想、策略手段等综合运用的体现；信息化侦查方法是利用现代信息技术所搭建的各类平台，并采用数字化手段在各类平台上开展侦查所涉及的各类方法的总称。[2] 随着“金盾工程”一期、二期的顺利推进以及依此所研发各类公安应用平台的搭建、数据库建设等均使信息传播的及时性取代了迟滞性，空间主权的封闭性让位于主权的开放性，[3] 而依此带来的便是侦查方法的全新发展，例如，根据掌握的姓名、绰号等不完整信息，在各查询系统中执行模糊查询；利用微信、QQ、支付宝等互联网平台关联目标号码，获取嫌疑人身份、相片、电话、地址等信息；通过活动轨迹（住宿、乘机、乘车、出入境等）查询，排查嫌疑人身份；通过视频侦查、人像比对排查嫌疑人身份等，如上种种均是信息化侦查方法的具体运用。

（四）先发型侦查方法与后发型侦查方法

根据案件具体情况及侦查时机的不同，可以将侦查方法分为先发型侦查方法和后发型侦查方法。先发型侦查方法是侦查人员与犯罪分子博弈过程中采用主动出击的侦查方法，其目的在于预

---

[1] 申群翼．论传统侦查方法缺失及其与现代侦查技术的结合［J］．中国刑警学院学报，2012（3）：8－10.

[2] 李双其．论信息化侦查方法［J］．中国人民公安大学学报（社会科学版），2012（3）：103－110.

[3] 刘连泰．信息技术与主权概念［J］．中外法学，2015（2）：505－522.

防或控制危害结果的发生或进一步扩大，是一种与犯罪活动争分夺秒的过程，例如“引蛇出洞”“先发制敌”等宏观侦查方法的使用，又如在具体案件侦查中追击堵截、跟踪监控等方法手段的运用，都是先发型侦查方法的具体运用。后发型侦查方法是指在对案件具体情况没有充足了解的情况下，积极创造条件，等待时机并相机而动的侦查方法，对于案件线索较少、作案人尚未完全暴露的案件，如若采用主动出击的侦查方法难免会打草惊蛇，造成案件侦查的不利局面，这时就需要侦查人员深挖线索、寻找证据，等待时机；对于集团化、跨国化、有组织性的犯罪案件，为了扩大战果，对整个犯罪集团进行全方位打击，必须循序渐进、逐步深入，例如在毒品犯罪案件侦查中，为实现“找证据、破大案、打团伙、催网络、抓毒枭、缴毒品、追毒资”的侦查自身程序之目的，侦查人员需要长期经营，综合运用卧底侦查、特情侦查等侦查措施，对毒品犯罪采取“累积式”打击。

第二节　毒品犯罪的演变及其侦查方法的发展

犯罪与侦查是相对而生的两个概念，是相互博弈对抗的两个主体，而侦查方法便在这种博弈与对抗中逐渐得到丰富与发展。与此对应，毒品犯罪案件侦查方法也在毒品犯罪的演变过程中逐渐得到丰富与发展，并呈现出自身独有的特性。

一、毒品犯罪的演变趋势

在世界经济全球化背景下，毒品犯罪作为一种特征极为显著的逐利性犯罪，也逐渐呈现出全球化的蔓延态势，并愈演愈烈。毒品犯罪案件侦查方法的运行除了与禁毒立法、科技发展等要素有关，更与毒品犯罪的发展密不可分。因此，准确认识并掌握毒品犯罪的演变趋势是制定和运用毒品犯罪案件侦查方法的前提。

（一）组织形式多元化

马克思曾在其著作中引用英国评论家邓宁格的观点，指出：“资本如果有百分之五十的利润，它就会铤而走险，如果有百分之百的利润，它就敢践踏人间一切法律，如果有百分之三百的利润，它就敢犯下任何罪行，甚至冒着被绞死的危险。”[1] 毒品犯罪作为一种逐利性犯罪，犯罪所获得的收益早已超出了百分之五十，甚至更高。在暴利的驱动下，越来越多的犯罪分子开始罔顾法律，蜂拥而至，而毒品犯罪的组织形式在与毒品犯罪侦查机关的不断博弈过程中呈现出多元化的发展态势。

1. 犯罪主体多元化

在我国，毒品犯罪的主体包括毒品犯罪集团、毒品犯罪团伙以及单独的犯罪人三种基本形态。其中，犯罪集团和犯罪团伙是毒品犯罪最常见的形态。从犯罪集团或团伙组成结构来看，改革开放初期，我国境内传统型毒品的产地多在境外政府控制较为薄弱、经济落后的地区，[2] 毒品犯罪集团或团伙主要由当地黑恶势力组成，多利用我国滇西南地区的地理位置优势，经由我国完成毒品的走私、运输、贩卖等活动。近年来，随着毒品种类的不断翻新，尤其是新型毒品的不断出现，我国已由毒品过境国变为毒品过境与消费和生产并存的毒品受害国。毒品犯罪行为也从过去单一的走私、贩卖、运输毒品转变为兼具制造、非法买卖制毒物品等多行为并存的犯罪模式。此外，为了有效抵抗缉毒人员的打击，

---

[1] 马克思. 资本论（第一卷）[M]. 郭大力，等译. 北京：人民出版社，1958：839.

[2] 郑海，陈嘉鑫. 全球化背景下毒品犯罪的治理实践研究 [J]. 山东警察学院学报，2019（5）：100－106.

毒品犯罪集团或团伙又开始出现由亲属组成的家族式或聋哑人等特殊的群体形态，其隐蔽性、牢固性及互相包庇性更强；[1] 从毒品犯罪主体性别和年龄组成来看，传统的毒品犯罪案件中，毒品犯罪的个体基本为男性和中青年。随着新型毒品犯罪不断演变以及毒品犯罪链条的进一步扩大，越来越多的女性和青少年开始从事毒品犯罪活动，如为了逃避法律的制裁而组织怀孕的妇女以及未成年人运输毒品已成为运输毒品犯罪行为的常态。

2. 犯罪手段智能化、科技化

一直以来，毒品犯罪的作案手段都具有诡秘性、多样性、灵活性等特点。因此，毒品犯罪分子与缉毒侦查机关的博弈对抗从未停止，在这场正义与邪恶的对抗中，毒品犯罪分子制造、贩卖、运输、藏毒等手段也不断翻新，呈现多样化的特征。改革开放初期，毒品犯罪主要集中在我国滇西南地区，犯罪分子利用云南与缅甸、越南、老挝三国纵横交错的边境线组织实施贩毒活动，为了有效躲避缉毒侦查机关打击，在贩毒路线选择上往往变化不定，多线并举，如一些贩毒集团常采用"蚂蚁搬家"式贩毒手法，同时采用多条路线实施犯罪，一旦一条路线受阻，则马上着手经营其他路线，给缉毒侦查工作带来了极大的困难。此外，在运输手段和方式上，主要采用人背马驮、背街走巷等伎俩；[2] 在藏毒、运毒方式上，多利用人体、家具、木器、水果、衬衫等方式藏带毒品。20 世纪 90 年代后，随着互联网及信息科学技术的飞速发展，毒品犯罪手段也逐渐向着智能化、科技化的方向发展。在贩毒路线选择上，随着毒品犯罪区域的逐渐扩大，我国的贩毒路线开始呈现线长面广的特点，犯罪分子往往横跨好几个地区或国家实施

---

[1] 关纯兴，昂钰．毒品犯罪案件侦查［M］．3 版．北京：中国人民公安大学出版社，2018：3.

[2] 莫关耀．毒品犯罪案件侦查教程［M］．北京：中国人民公安大学出版社，2000：225.

毒品犯罪活动，路线选择更加灵活多变。随着互联网的普及，犯罪分子逐渐将毒品犯罪路线由物理空间向虚拟空间转移，随意选取网络交易地点，物色同伙和交易对象，一旦被追查就及时予以更换，尤其是微信、QQ、MSN、支付宝等平台更是为毒品犯罪活动提供了"水陆空邮网"等全方位、立体化的新渠道；在运输手段和方式上，犯罪分子借助当今便捷的交通工具以及通信手段进行全方位立体式的毒品犯罪活动，如利用汽车、火车、快艇、轮船、飞机等现代化交通工具运输毒品，利用先进的移动通信装备联络售毒等。尤其是利用现代物流业实施毒品贩运的活动已成为毒品贩运的典型手段之一。此外，为确保贩运过程的万无一失，犯罪分子开始采用人货分离、暗语、暗号等方式进行贩运，而指挥人员只是采用遥控指挥、暗中窥探等方式对贩运活动进行宏观把控，采用窃听、定位以及网络遥控等多种高科技手段逃避打击；在藏毒、运毒方式上，犯罪分子除了利用载体和人体藏毒运毒，还利用物理、化学、医学、电子科技等手段进行藏毒和运毒，如将毒品液化后用衣物等物品浸吸，待过关后再用科技手段提炼还原，这种采用改变毒品形态的方法是时下最为流行的藏毒运毒手段之一。

（二）犯罪链条商业化

毒品不是商品，但其具有商品的市场特性。基于商业逐利的本性，毒品犯罪的背后必定隐藏着一条利益链，而在这条利益链上的利益主体均是为了瓜分这块充满诱惑的"蛋糕"。从 20 世纪 80 年代我国的毒情形势来看，我国毒源地主要在境外，走私、贩卖、运输成为我国毒品犯罪的主要形式，毒品犯罪的利益链条主要是"供—销"的简单模式，加之当时我国吸毒者确属少数，主要还是毒品犯罪的过境国。20 世纪 90 年代，"金三角"等毒源地的毒品不断涌向我国，对我国实行"多头入境，全线渗透"。与此同时，国内罂粟种植现象死灰复燃、愈演愈烈；制造毒品犯罪也初露端倪，从以鸦片、海洛因等罂粟提取加工物为主开始转向包括以冰毒、氯胺酮为代表的新型毒品的生产、制造。与此相伴生的，非法买卖制毒物品、走私制毒物品的犯罪行为也逐渐出现，充斥并丰盈着毒品犯罪的利益链条。在此情况下，我国吸毒人数开始呈现逐年递增的趋势。依据我国历年毒品形势报告以及2020年以来的毒情形势报告显示，虽然自2017年以来，我国吸毒人数和新发现吸毒人数连续5年呈下降态势，但截至2021年，全国仍有吸毒人员148.6万名、三年未发现复吸人员340.3万名、新发现吸毒人员12.1万名，并呈现低龄化趋势。毒品犯罪也在供方市场和需方市场不断互动平衡的牵引下，形成了生产、加工、运输、贩卖、消费环环相扣、有序交易的畸形市场，链条各节点均由各商业要素相链接，并按照市场规则进行利益分享，实现贩毒网络风险利润的自我补偿，商业化特征越来越凸显。

（三）毒品种类多样化

毒品作为一种细微而不起眼的物质，既不会传染，也不具备爆炸物一样的杀伤力，它具有的仅仅是一种诱惑，然而这种诱惑却是致命的。历史经验告诉我们，毒品所带来的危害不仅会对吸毒者造成身心伤害，更会对整个国家经济、政治、文化产生不可弥补的冲击。20世纪80年代初，我国毒品犯罪主要以鸦片、海洛因、吗啡等传统毒品为主，该类毒品长期充斥着整个毒品犯罪市场。90年代，以甲基苯丙胺（冰毒）、亚甲二氧甲基苯丙胺（摇头丸）为代表的新型合成毒品逐渐成为我国毒品市场上流行最快、滥用最为广泛的神经系统兴奋剂，它们和氯胺酮（K粉）等其他人工化学合成的精神活性物质一起被称为“新型毒品”。[1] 从图

---

[1] 夏国美，杨秀石，等．社会学视野下的新型毒品［M］．上海：上海科学院出版社，2017：6.

2－3可以看出，进入21世纪，以海洛因为代表的传统毒品缴获量总体呈先较快下降再缓慢上升态势，自2005年之后，以甲基苯丙胺为代表的新型毒品缴获量递增态势强劲并于2007年之后超过海洛因，成为毒品市场上主要的毒品种类。多年的缉毒实践也证明，甲基苯丙胺和氯胺酮两种"新型毒品"在我国毒品市场上表现出强劲的发展势头。近几年来，在传统毒品和合成毒品不断受到严厉打击的背景下，毒品犯罪分子又将目光转移到新精神活性物质（New Psychoactive Substances，NPS）上，NPS又被称为"策划药""实验室毒品"或毒品类似物，现已逐渐成为继传统毒品和合成毒品后在全球流行的"第三代毒品"。截至2021年，我国列管的新精神活性物质已达188种，但依然有不少毒品犯罪分子利用列管漏洞，通过对被列管物质的化学结构进行简单修饰，从而获得效果更强或者类似的新物质，并将其伪装成市场上常见的饼干、糖果、奶茶等物质，使NPS常常游走于合法与非法的边缘地带。

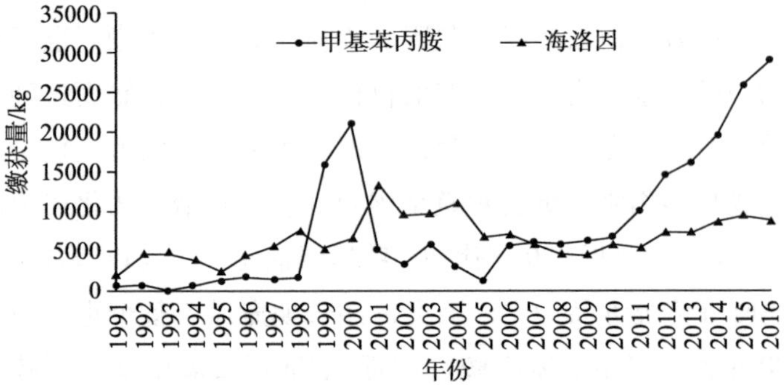

图2－3　1991—2016年中国境内甲基苯丙胺和海洛因缴获量的变化趋势对比

资料来源：依据公安部禁毒局发布的历年《中国禁毒报告》中相关数据整理

二、毒品犯罪案件侦查方法的发展

毒品犯罪案件侦查方法是侦查方法的子系统，在侦查方法体系划分中属专门侦查方法，是依法享有管辖权的国家机关在侦办毒品犯罪案件过程中为达到案件侦查最终目的或过程目标而采用的比较特殊或侧重采用的方法。随着人们对毒品犯罪规律和特点认识的不断深入以及对禁毒刑事政策、禁毒立法、科技手段的不断丰富和发展，毒品犯罪案件侦查方法也开始向着精细化、信息化、程序化、立法化的方向发展。

（一）“粗放型”向“精细化”的转变

20 世纪 80 年代，毒品犯罪问题卷土重来。为有效打击毒品犯罪，我国缉毒侦查机关开始注重与海关、车站等多部门的横向联合，采取以全国上下联动为显著特征的“人海战”式的宏观侦查思维方法，以斩断整个毒品犯罪“黑线”为侦查目的，通过积极经营、精准研判实现对毒品犯罪“供—销”链条的打击。该时期缉毒侦查机关取得的实际效果是有目共睹的，如 1988 年破获的轰动全国的上海锦鲤鱼国际贩毒案、1989 年四川等四省公安联合破获的“89・11”特大跨国贩毒案等都是毒品犯罪案件侦查方法成功运行之体现。[1] 但是，改革开放初期，我国毒品犯罪案件侦查方法的设计运用整体呈现出表浅化的运行模式，仅以打击毒品犯罪作为侦查之唯一目的，缺乏对毒品犯罪发展形势以及内在运行规律的深刻认识，加之 30 年“无毒国”的称号更使我国禁毒立法严重落后于缉毒实践，侦查方法适用案件范围极为有限，操作程式随意性问题凸显，国际合作相对乏力，完全不能有效遏制当时毒品犯罪的发展趋势，毒品犯罪案件侦查方法整体呈现出“粗放型”的运行模式。90 年代中期以后，我国毒情形势愈发严峻，伴随着新型毒品犯罪问题的出现，毒品犯罪链条也开始呈现“产—供—销—藏”一条龙式的发展态势。与此相适应，我国毒品犯罪案件

---

[1] 刘建宏. 新禁毒全书（第四卷）：中国禁毒典型案例评析［M］. 北京：人民出版社，2014：233.

侦查方法也因时制宜，开始向着精细化方向发展。宏观侦查方法上，在充分认识到毒品犯罪内在供求关系互动平衡及交易过程中价格杠杆调节作用的内在规律后，结合毒品犯罪活动所具有的隐蔽性强、基本无犯罪现场等特点，侦查机关在侦查方法设计运行过程中开始注重对毒品供方和需方市场的同时打击，在兼顾打击制造、贩运类毒品犯罪的同时，也开始注重从吸毒人员中挖掘涉毒线索，通过“滚雪球”式的侦查方法打击日益凸显的零星贩毒活动，深挖细审，反向寻找涉毒线索，以实现两头延伸的“全链条”式打击。此外，随着1997年《刑法》、2008年《禁毒法》、2012年《刑事诉讼法》等相关法律的相继出台及其不断修正和完善，毒品犯罪案件侦查方法在设计运用过程中，在追求侦查过程实体真实的同时，也开始规制侦查方法的操作程式、注重侦查过程程序价值的实现；在各类毒品犯罪案件的具体侦查过程中，侦查机关开始结合各类毒品犯罪案件自身特点，制定相应的具体侦查方法，如面对日益凸显的制造毒品类犯罪案件，侦查机关在面对制毒工艺日渐成熟、制毒方法不断翻新、制毒原料来源逐渐增多、制毒活动智能化和科技化的现实状况的基础上，开始注重从原料购买、制作、贩卖等多个环节构建情报网，收集各类办案线索（如制毒工艺、制毒进程信息情报），采用“物—案—人”或由“物—人—案”的侦查途径，综合运用阵地控制、调查访问、秘密侦查等传统侦查方法和视频监控、卫星遥感监测、电话监控等现代信息化侦查方法，最终捣毁毒品加工厂；在证据收集固定方面，侦查机关在逐渐规范证据收集、固定、提取程式的同时，也更多地开始研究各类案件中相关证据的收集方法，如1994年我国开发的“现场麻醉毒品快速喷显剂”，为毒品犯罪案件现场提供了新的检测方法；在国际合作方面，我国加入了联合国相关公约，积极参加国际禁毒特别联合大会，并在此基础上持续深入推进跨国毒品犯罪侦查国际合作，与国际社会特别是东南亚和西南亚国家建立广泛的双边和多边禁毒合作与会晤机制，搭建密切交流和信息互通平台，全面履行国际禁毒公约义务，破获众多的国际毒品犯罪大案、要案，更注重国际与国内配合，双边和多边配合，不断推进与有关国家和国际组织在战略沟通、执法合作、司法协助、经验交流、人员培训方面的合作协作，使国际禁毒合作不断向多层次、多领域发展。[1]

（二）“传统型”向“信息化”的变轨

传统型侦查方法和信息化侦查方法是根据侦查方法所侧重利用的原理进行划分的，反映了我国不同时期的侦查水平。20 世纪 80 年代，我国毒品犯罪案件侦查机关主要通过物建大量侦查特情来收集案件线索、获取证据材料，通过灵活运用内线侦查、外线侦查、技术侦查、控制下交付、公开查缉等传统型侦查方法实现对毒品犯罪活动的打击，遵循的是一种倚重“经验”进行推导的侦查方法运行范式。例如，对于当时十分突出的跨境、跨区域的大宗贩毒案件，侦查方法在设计运用过程中，常采用控制下交付摧毁整个贩毒网络，再采用公开查缉等措施方法来掩饰特情侦查、卧底侦查等秘密侦查方法的实施。随着信息科学技术的飞速发展，现代科技手段也被迅速应用到毒品犯罪案件侦查中。1984 年公安系统计算机网络建设正式启动，至 1994 年底，“中国犯罪信息中心”（CCIC）正式建成并运行，一批较为先进的侦查设备开始投入使用，自此，我国毒品犯罪案件侦查工作开始迈入信息化、技术

[1] 中国公安部禁毒局．2013 年中国禁毒报告［R/OL］．（2013－09－12）［2019－10－11］．http：//www.nncc626.com/2013－09/12/c_126979288.htm.

化新时代，侦查思维方法也开始发生改变。在信息渠道获取过程中，除物建特情、购买涉毒线索外，也开始注重信息情报的多渠道收集，充分利用互联网技术与信息技术构建情报网，据此搜集各类案件线索并及时进行情报信息分析研判，如根据前科记录、工作记录、关联关系、活动轨迹、通话呼叫类型和资金流向判断涉毒上下线关系，确定涉毒层级；在侦查方法设计运用过程中，迄今为止，用以实践并冠以信息化战法的侦查方法不下50种，如根据通话规律、活动轨迹分析判断走私、贩卖、运输毒品的方式、路线、工具等，又如通过视频监控图像分析判断涉毒嫌疑人的行动轨迹等；在部门相互协作过程中，伴随着警务信息综合应用平台、视频监控系统等信息化平台的开发与建设，侦查机关在毒品犯罪案件侦查工作中开始注重与银行、工商、税务等部门建立相互协作机制，纵向上形成侦查机关上下级扁平化的决策、指挥体系，横向上形成侦查机关各部门及其与社会机构之间相互协作的运行体系。近十年来，随着大数据、人工智能技术的飞速发展，遵循逻辑驱动型的人机耦合技战法逐渐在毒品犯罪案件侦查，尤其是网络毒品犯罪案件侦查中发挥着越来越重要的作用，这也标志着传统型侦查方法已经完成了向信息化的转轨，并开启了以“人脑 + AI”为推动力的新的侦查方法运行范式。

（三）侦查方法的法治化和规范化

毒品犯罪案件侦查方法的标准和程序是伴随着我国禁毒立法、司法解释以及相关规范性文件的不断出台而得到确立和完善的。改革开放初期，我国禁毒立法严重落后于缉毒侦查实践，为应对日益活跃的毒品犯罪活动，1979年《刑法》规定了“制造、贩卖、运输毒品罪”，但对于非法种植毒品原植物、非法持有毒品、包庇毒品犯罪分子等行为并未作出相应的规定，严重影响了毒品犯罪案件侦查方法适用的案件范围。1979 年首次颁布的《刑事诉讼法》专设了“侦查”一章，对侦查措施方法及其操作程式进行了相关规定，使得案件侦查方法开始有了统一的标准和程序。20 世纪 90 年代，1990 年《关于禁毒的决定》、1996 年《刑事诉讼法》以及 1997 年《刑法》的相继出台，毒品犯罪罪名得到了进一步扩充，犯罪情节以及量刑标准也得到了细化，对毒品犯罪案件侦查方法设计运用起到了明确的指引作用，使侦查机关在侦查方法运用过程中更加注重犯罪情节的证明和对毒品的定性和定量分析，也进一步规范了毒品犯罪案件侦查方法的操作程式。进入 21 世纪，2008 年《禁毒法》和 2012 年《刑事诉讼法》的相继出台，对毒品犯罪案件侦查方法的设计运行给予了细致性的指引，也彻底改变了技术侦查、隐匿身份侦查以及控制下交付无法可依的实践运行状态。

三、毒品犯罪案件侦查方法的运行现状

毒品犯罪案件侦查方法的运行是与毒品犯罪发展情势、禁毒立法以及科技水平的发展紧密相连的。从我国毒品犯罪案件侦查方法的发展历史来看，现阶段，为有效应对毒品犯罪区域不断变广、毒品种类不断翻新、制毒贩毒现象不断凸显、犯罪手段不断升级、犯罪渠道立体化以及境外对我国“多头入境，全线渗透”的毒情形势，我国毒品犯罪案件侦查方法的设计运行开始呈现出程式化、信息化、合作化的样态。

（一）秘密侦查与公开查缉的结合

鉴于毒品犯罪具有诡秘性、跨国性、集团化、证据收集难等诸多特性，秘密侦查方法一直是毒品犯罪案件侦查中最为常用和有效的方法。2012 年《刑事诉讼法》的出台使我国秘密侦查措施方法运行逐步得到完善，技术侦查、隐匿身份侦查、控制下交付

等秘密侦查措施方法作为入法措施，开始在毒品犯罪案件侦查中进一步得到创新和完善。就技术侦查而言，随着毒品犯罪科技化水平的提高以及取证难度的加大，案件侦查中更需要充足的情报引导侦查，而技术侦查通过电子监听、电话监控及对 QQ、微信、MSN 聊天记录的监控、对网络信息的侦控等，在情报搜集、分析犯罪嫌疑人行动轨迹方面发挥着越来越重要的作用。[1] 据统计，2014 年，重庆、广东、贵州等省（市）多地的技术侦查措施使用率达 90% 以上，而公开查缉作为一种典型的侦查方法，对案件的最终破获发挥着不可或缺的作用。[2] 就隐匿身份侦查而言，实践中具体包括卧底侦查、贴靠侦查、特情侦查等措施方法，其以相对柔性化、灵活化、多样化的特征在缉毒实践中发挥着重要作用。如在大宗贩卖毒品案件侦办过程中，毒品一般要经过三个层次的贩卖 ，才能最终被吸毒者购买。为了斩断整个毒品犯罪链条，侦查机关常常选择合适的侦查人员或特情人员充当整个贩毒链条的“中间人”或“购买者”，打入整个贩毒链条，[3] 而在抓获时机成熟时，有时基于侦查情势的考虑，侦查人员往往会采用公开查缉毒品的方法作为破案方式。又如，在我国毒品犯罪十分严峻的云南地区，侦查人员主要通过特情侦查、卧底侦查及购买涉毒线索来获得案件重要信息，在有些情况下，基于对特情、卧底人员人身安全的考虑，往往通过毒品公开查缉的方法作为破案方式。就控制下交付而言，其在毒品犯罪案件侦查中已运用多年并一直发

---

[1] 万毅．解读“技术侦查”与“乔装侦查”——以《刑事诉讼法修正案》为中心的规范分析［J］．现代法学，2012，34（6）：180－193.

[2] 王锐园．毒品犯罪案件技术侦查措施运用研究［J］．中国刑警学院学报，2019（4）：62－67.

[3] 官万路．毒品案件侦查中设计购买的策略与方法［J］．刑侦研究，1998（6）：29－31，35.

挥着重要的作用，尤其是面对我国毒品犯罪日益凸显的大宗化、团伙化特点，为了实现“寻找上线、深挖下线”的侦查目的，侦查人员常常采用控制下交付方法对整个毒品犯罪活动过程加以有效控制，待时机成熟时予以抓获。同样，有时为了实现控制下交付的目的，应用公开查缉也可在其中发挥着重要的作用。

（二）信息化侦查方法的广泛运用

在信息化时代，信息化侦查所具有的数据虚拟性、行为脱域性、权利扩张性等特点为侦查人员带来了诸多侦查效益。[1] 就毒品犯罪案件而言，信息化侦查方法已然成为办理毒品犯罪案件时被高频采用的侦查方法，其不仅将毒品犯罪案件侦查的空间从现实空间延伸至虚拟空间，也使侦查措施方法开始由现实空间向虚拟空间、由实体形态向数据形态拓展。实践中，缉毒人员在案件办理过程中以信息化工作平台为依托，充分利用各种信息化侦查方法对涉毒情报进行分析研判，排查犯罪嫌疑人身份，拓展涉毒网络。如在案件办理过程中所频繁使用的网上阵地控制、网上排查涉毒嫌疑人、倒查涉毒关系人、网络贴靠、视频侦查、人像比对等措施方法均是信息化侦查方法具体运用的体现。又如，利用信息化工作平台，对涉毒人员活动轨迹（住宿、乘机、乘车、出入境等）进行查询并锁定行动轨迹，再结合涉毒人员通话规律，综合分析研判走私、贩卖、运输毒品的方式、路线、工具等。

近年来，全球信息化发展的环境、内涵、条件正发生着深刻的变化，信息化逐渐进入全面渗透、数据跨界融合的新阶段。目

---

[1] 马方，吴桐．信息化侦查的维度冲突与法律规制［J］．中国人民公安大学学报（社会科学版），2017，33（2）：42－51.

前，大数据和云计算在公安领域的持续推进正逐渐改变着信息化侦查方法由过去的业务信息主导模式向着大数据驱动模式变革，[1]具体表现在全方位360°的数据收集（包括结构化和非结构化的数据）、平台搭建（如公安大数据指挥警务实战平台、公安大数据可视化指挥决策平台等）以及大数据技术的不断升级三个过程中。就毒品犯罪案件侦查而言，与过去的主要依赖侦查人员的主观经验、逻辑分析相比，大数据驱动下的侦查方法设计运用过程更多的是依赖于分析挖掘技术，在海量信息中挖掘数据之间的非逻辑性关系，通过人、车、机、网、卡五方面构建犯罪嫌疑人全息档案，利用大数据分析技术排查涉毒嫌疑，分析研判嫌疑目标的同轨人员、话单和资金流向等，获取其密切关系人、可疑联系人并做到持续关注等。例如，随着互联网涉毒违法犯罪活动的日益猖獗、区块链技术的发展与演进以及虚拟币与去中心化交易的加速膨胀，一些涉毒违法犯罪人员开始利用外网APP与区块链技术的匿名性、不可追踪性等特点，利用暗网进行涉毒交易，而充分利用大数据智能分析技术，研究暗网涉毒犯罪规律，积极开展“养号侦查”、建情摸索和虚拟币犯罪财富调查等工作就成为侦破此类案件较为有效的侦查方法。

（三）区际协同侦查方法的逐步开展

毒品犯罪的跨国性、跨区域性、流动性等特点使得国际合作和国内协作在毒品犯罪案件侦查中一直发挥着重要的作用。从境外毒品渗入路线来看，境外毒品向我国渗透主要源于缅甸、老挝、泰国交界处的“金三角”地区以及伊朗、阿富汗、巴基斯坦交界

---

[1] 何军．大数据与侦查模式变革研究［J］．中国人民公安大学学报（社会科学版），2015，31（1）：72－80.

处的“金新月”地区。国家禁毒委员会办公室发布的《2021年中国毒情形势报告》显示，2021年，中国共缴获来自“金三角”地区的海洛因和冰毒共计15.18吨，其中海洛因1.78吨，冰毒13.4吨；缴获来自“金新月”地区的海洛因22公斤；缴获来自南美地区的可卡因690公斤；缴获来自北美地区的大麻308.9公斤。[1] 可以看出，近年来，南美地区的毒品开始经海路从东南沿海港口或通过空运贩运入境，北美地区的毒品通过邮寄的形式少量、多次从广州、上海、成都等地分散贩运入境。从境内主要贩毒路线来看，“金三角”“金新月”地区依然是我国毒品的主要来源地区，从“金三角”入境主要经由云南—广西壮族自治区—广州、云南—武汉、云南—四川—甘肃三条路线进行贩运和扩散，而从“金新月”入境我国的毒品则主要经由新疆渗透至西藏、四川、贵州、广西、北京、上海、广州等地。

为有效应对域外毒品大量渗入、境内毒品贩运区域线长面广的现实问题，我国毒品犯罪案件侦查机关在侦办毒品犯罪案件过程中，愈发注重以国际合作和国内协作的方式联合执法、侦破案件。在国际合作方面，面对我国主要毒源地的“金三角”地区，我国积极开展与东南亚国家的双边和多边禁毒合作并建立与之相关的会晤机制，通过边境禁毒联络办公室与境外开展侦查协作，采取向境外派遣警务工作者、建立涉案信息情报共享机制、开展侦查合作等方法侦破跨境贩毒大案要案。如2017年中缅“12·19”特大贩毒案件侦查过程中，中方在收悉案件线索后，及时启动中缅禁毒执法合作机制，经由南伞边境禁毒联络官办公室与缅方开

---

[1] 国家禁毒委员会办公室．2021年中国毒情形势报告［R/OL］.（2022-08-25）［2022-09-17］. https://www.mps.gov.cn/n2255079/n6865805/n7355741/n7355780/c8660792/content.html.

展侦查协作，最终敦促缅方成功查获了毒品并进行了相关涉案证据的移交工作。面对我国的主要毒源地“金新月”地区，我国积极推进与西南亚国家建立广泛的双边和多边禁毒合作与会晤机制，搭建了密切交流和信息互通平台，先后与巴基斯坦、塔吉克斯坦等国签署了双边禁毒合作协议或备忘录。鉴于该地区毒品犯罪具有与恐怖主义和黑恶势力相互交织、计划严明、分工明确等特点，我国在案件侦查过程中，主要通过与境外国家建立情报交流机制、加强涉案信息沟通、联合开展跨国控制下交付等方法侦办案件。如2010年4月20日，广州市公安局与巴基斯坦禁毒部队和新疆禁毒总队共同侦办了一起特大跨国毒品犯罪案件，通过与境外建立情报信息交流机制，成功运用控制下交付措施抓获3名尼日利亚籍犯罪嫌疑人，缴获海洛因5千克。[1] 近年来，我国与俄罗斯、美国、日本、菲律宾等国也开展了富有成效的禁毒合作，联合侦破了一批跨国特大贩毒案件。在国内协作方面，我国不断探索“纵向贯通、横向联动”的毒品犯罪案件侦查协作新机制，在纵向上建立从公安部禁毒局到各地区禁毒大队之间自上而下的领导与协作模式，如及时完成目标案件的申报以及服从上级的管理等；在横向上，对于境内跨区域发生的毒品犯罪案件，及时请求与相关地区的缉毒机关进行侦查协作，并与之建立情报信息交流机制和具体事项的协作机制。与此同时，也与铁路、公路、航空、海关、边防、税务、金融等部门建立了较为密切的协作关系，对跨区域贩毒团伙实施联手打击，如通过加强与银行等金融机构合作调查，可以研判涉毒资金的流向等。

---

[1] 张昆．“金新月”地区毒品向中国渗透的国际化趋势与防范对策［J］．云南警官学院学报，2011（3）：18－23.

第三节　毒品犯罪案件侦查方法的特殊性

毒品犯罪案件侦查方法在侦查方法系统中属专门性侦查方法，是侦查机关结合毒品犯罪案件自身规律特点设计运用的具有针对性或有所侧重的方法。目前毒品犯罪案件所呈现出的犯罪形式链条化、犯罪因果关系复杂化、犯罪手段诡秘化、证据收集困难性等特点，使得毒品犯罪案件侦查方法的设计运用相较于一般刑事案件而言，无论在运行模式、运行环境还是策略手段的选择上均具有特殊性。

一、运行模式的独特性

从词义本身考察，“模式”一词具有两层含义：其一是寻求与复杂事物在结构和关系上具有相似性的简单事物，用以解释复杂事物；[1] 其二是用简化的形式——要素或元素，或一个整体的组成部分来解释复杂事物的本质及结构，是一种无法描述事物的整个面部样貌的简化形式。[2] 侦查方法运行模式主要是第二层含义的体现，是对实践中侦查方法所不断呈现的特征及规律的提炼和总结。可以说，侦查方法运行模式是对侦查方法本身特点及规律的抽象解释，并非侦查方法整体运行的全貌呈现。

（一）“经营型”运行模式

在我国，犯罪集团和犯罪团伙是毒品犯罪最常见的犯罪组织形态。在这种组织形态下，链条化、网络化逐渐成为毒品犯罪鲜

---

[1] 万毅．转折与定位：侦查模式与中国侦查程序改革［J］．现代法学，2003（2）：31－37.

[2] 李心鉴．刑事诉讼构造论［M］．北京：中国政法大学出版社，1998：50.

明的特点之一。整个贩毒过程中，首先由第一层次的大毒枭通过自己生产或从毒品源产地购买等方式将毒品提供给中间第二层次的毒品犯罪分子，再由中间第二层次的毒品犯罪分子贩卖给小批量的零包贩毒分子，最后由第三层次的零包贩毒分子将其扩散给链条终端的吸毒者。[1] 在这条“产—供—销—藏”一条龙的犯罪链条上，第二、第三层次的毒品犯罪分子通过“销售”这一环节，将整个犯罪链条扩展成一条巨大且错综复杂的贩毒网，这也决定了对毒品犯罪的打击应注重对整个贩毒链条和贩毒网络的打击（见图2-4）。与一般刑事案件不同，贩毒集团或团伙在整个贩毒网络运行中，无论是作为链条始端的大毒枭，还是链条中间环节的贩毒分子，抑或作为链条第三环节的零星贩毒分子，彼此之间

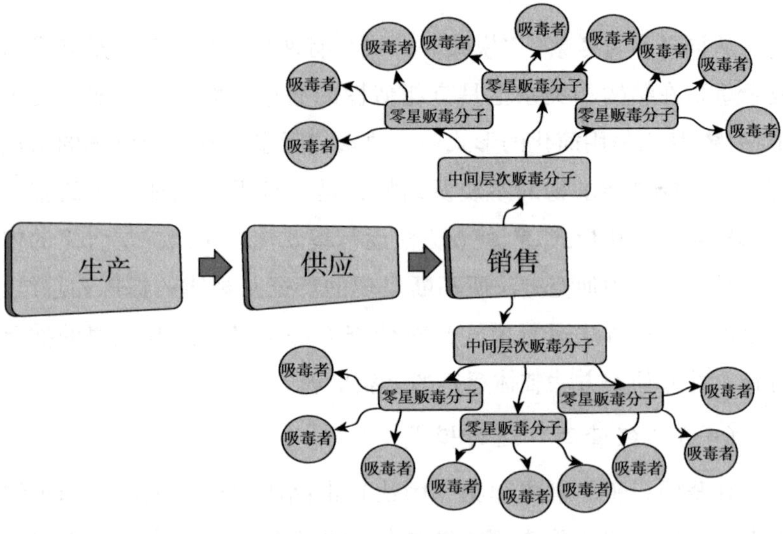

图2-4　贩毒网络结构

[1] 官万路．毒品案件侦查中设计购买的策略与方法［J］．刑侦研究，1998（6）：29-31，35.

往往采用单线联系方式，尤其是作为团伙或集团首犯的大毒枭，并不直接接触毒品，主要通过远端操纵雇佣的“马仔”来完成整个毒品贩运过程。因此，仅抓获“马仔”或抓获处于贩毒链条中间环节的贩毒分子并不能完全摧毁整个贩毒网络，这就需要侦查人员树立积极经营的思想，以“线索经营、证据经营、人员经营”三条主线为中心，以吸毒者或零星贩毒者为案件侦查的突破口，深挖上线，寻找下线，综合运用侦查扩线、控制下交付等措施方法，扩大侦查战果，实现预防毒品犯罪、“撕破一张网、斩断一条线”的毒品犯罪案件侦查之目的。

（二）“预测型”运行模式

从侦查的时空角度来看，一般刑事案件采用的是回溯型侦查模式，侦查人员只能在犯罪行为发生后开展侦查，用有限的证据还原过去发生的事实，而证据的有限性也会使部分待证事实呈现模糊性。[1] 因此，一般刑事案件的侦查思维方法是以收集证据，还原案件事实为目的，注重的是对过去案件真相的回溯性推断过程（见图2－5）。与一般刑事案件不同，毒品犯罪案件并不针对过去发生的案件开展侦查，而是对“正在进行”或“即将进行”的案件开展侦查并收集证据，我们将其称为“预测型”侦查模式。在“预测型”侦查模式下，侦查思维方法的运行是以预测犯罪形式、选择破案时机、阻止危害后果发生为目的，注重的是对未来犯罪形势的预测与推断过程。正因如此，毒品犯罪案件侦查方法的运行往往先于毒品犯罪或与毒品犯罪同时进行。为有效斩断贩毒网络，抓获涉毒嫌疑人，对情报信息的分析研判、对犯罪网络的监视控制等往往居于侦查方法运行程式的首位（见图2－6）。

---

[1] 何家弘．短缺证据与模糊实施［M］．北京：法律出版社，2012：3.

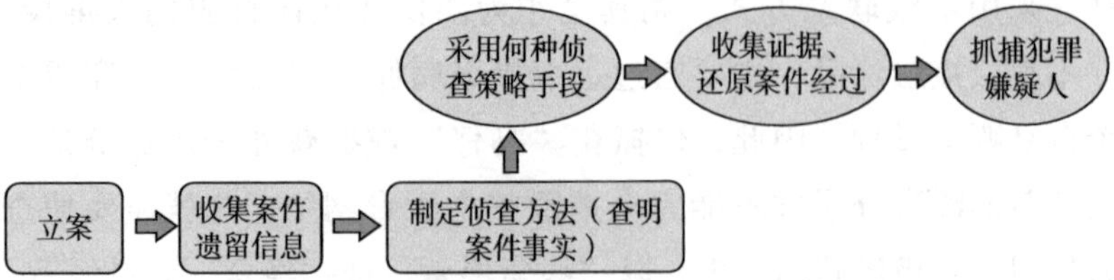

图 2－5　一般刑事案件侦查思维方法的运行程式

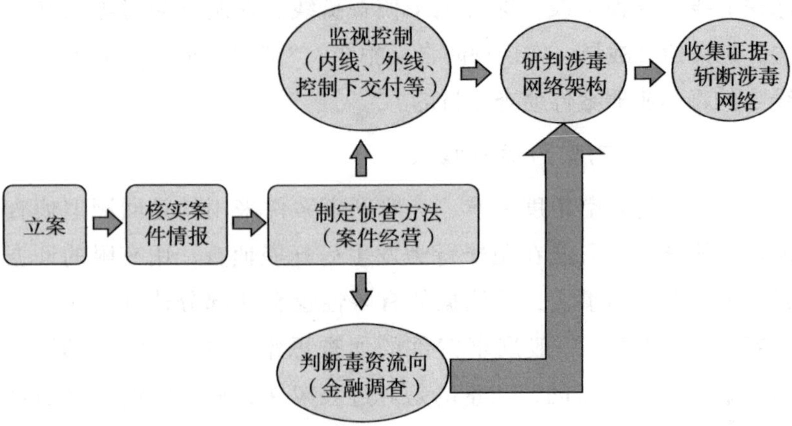

图 2－6　毒品犯罪案件侦查思维方法的运行程式

（三）“风险型”运行模式

就一般刑事案件而言，侦查方法的运行大多针对已经发生的案件，获悉的案件信息也较为确定和丰富，因此，侦查方法在运行过程中的风险性也相对较小。与一般刑事案件不同，毒品犯罪案件侦查方法的运行注重对整个贩毒网络的长期经营和对未发生或即将发生犯罪的预测。在经营和预测过程中，未知的风险因素相对较多，缉毒人员随时会面临对未知因素的处理，风险因素自身的不确定性和突发性也造成毒品犯罪案件侦查方法在运行过程中存在较高的风险性。

1. 内线侦查的“黑箱效应”

实践中，随着毒品犯罪智能化、科技化手段的不断提高，外线侦查在案件侦查中发挥的效用正在逐渐降低，而内线侦查则以其隐秘性、智能性等特点在毒品犯罪案件情报获取、证据收集过程中发挥了更为重要的作用。从方法适用角度来看，内线侦查方法在缉毒实践中的运行机理与黑箱理论相似，即在不直接对已掌握的涉毒线索或涉毒人员立即采取行动的前提下，通过运用相应的侦查策略手段（“输入值”）观察反馈信息，以获得更多的线索或发现更多的涉毒人员（“输出值”），得出对“案件黑箱”即毒品犯罪组织架构的内部推理，最终实现对犯罪组织的整体性掌控。[1] 然而，黑箱理论在内线侦查中成功运用的同时，也会产生相应的“黑箱效应”，即我们永远无法真实获悉卧底、特情人员在“案件黑箱”（贩毒组织内部）中是如何获取线索、收集证据的。卧底侦查人员是否会存在程序失当、手段失当（如为获取证据而诱人入罪）或人身安全的问题，特情人员是否会基于对自身利益的考虑而“反水”或提供虚假情报，而这一切都是缉毒人员所无法掌控的，由此种种造成毒品犯罪案件侦查方法的运行呈现高风险性。

2. 控制下交付组织实施的高风险性

控制下交付是毒品犯罪案件侦查中常用的方法，尤其针对跨境、跨区域的毒品犯罪案件，控制下交付的成功运用对于破获整个贩毒网络发挥着举足轻重的作用。然而，就像经济投资领域那样，“高风险高回报”，相较于其他毒品犯罪案件侦查方法而言，高风险性一直是控制下交付实施中的显著“标签”。如在“有害”

---

[1] 德丽娜尔·塔依甫，张尧．论侦查经营的几个基本问题［J］．中国人民公安大学学报（社会科学版），2016，32（3）：75－81.

控制下交付组织实施过程中，被监控的“毒品”随时都存在流入社会的风险；又如在“无害”控制下交付组织实施过程中，被替换的“物品”随时都存在被贩毒人员发现的风险，加之相关立法条文规定的模糊性、物证保护机制的不健全性，公安机关替换的“毒品”在庭审质证环节也会因替换程序操作的失范性或物证保护程式的不规范性而被排除。此外，如何研判最佳的收网时机、如何处理控制下交付组织实施中线人掉线等突发风险因素，均给该方法的具体适用增加了风险。

二、运行环境的复杂性

毒品犯罪案件侦查方法的运行环境是指可以直接或间接影响侦查方法设计运用的各种因素的总称。与一般刑事案件不同，毒品犯罪案件没有明确的案发现场、没有特定的受害人，犯罪行为与危害结果之间仅具有间接的因果关系，这些因素都决定了毒品犯罪案件侦查方法运行环境的复杂性。

（一）因果关系的间接性

一般的刑事案件，犯罪结果的发生往往是特定的犯罪行为所直接引起的，如盗窃行为的直接危害后果就是受害人财物的丢失，电信诈骗的直接危害后果就是受害人财物被骗。犯罪行为与危害结果之间往往具有较为明确的因果关系，侦查人员可以通过现场勘查、调查访问、调取视频监控等侦查方法确定重点嫌疑人员，并依据侦查获取的证据来分析研判嫌疑人员与案件的因果关系，从而达到侦破案件之目的。然而，毒品犯罪的危害结果与危害行为之间往往不具备直接的因果关系，因而侦查人员很难通过排查因果关系的方法直接获取证据、认定犯罪嫌疑人，如在贩毒活动中，犯罪分子的贩卖行为并不会立即产生危害后果，毒品往往需要经过若干环节才能到达吸毒者手中，而吸毒者只有在吸食毒品或为了筹措吸毒的毒资而又实施其他犯罪行为后才产生危害社会的后果，缉毒人员只能通过内线侦查、外线侦查以及控制下交付等方法，从中抽丝剥茧，研判各层级之间的关系，分析整个贩毒网络架构，最终寻找有利战机，在毒品交易过程中将贩毒团伙一举拿下。[1]

（二）犯罪现场的不确定性

一般刑事案件发生以后都具有一定的犯罪现场，侦查人员可以通过对案件现场的勘查获取相应的犯罪证据，通过“同一认定”等方法寻找并认定犯罪嫌疑人。即便是对电信诈骗等无明显物理犯罪现场的案件，犯罪时所遗留的痕迹信息依然以电子数据的形式存储于虚拟空间，侦查人员可以通过案件发生过程中受害人访问的电子网页、手机接收的诈骗电话、诈骗短信以及汇款的资金走向等方面固定和收集案件证据。与之不同，除生产、制造毒品和容留他人吸毒案件外，毒品犯罪案件一般没有特定的案件现场，犯罪活动区域“线长、面广”，这些都是毒品犯罪案件显著的特点。有时一起贩毒案件可能会同时出现多个情况各异的破案地，甚至还会涉及境外国家或境内好几个省、自治区、直辖市，这都给案件侦查带来了很大的难度。因此，缉毒人员面对毒品犯罪案件现场不确定性的特点，很少运用“同一认定”、直接因果推断等方法进行案件侦查，而是依据具体案件侦查情势的变化及时开展国际警务合作或国内警务协作，通过多地区、多警种联合办案的方式一举破获案件。

（三）受害对象的特殊性

受害对象，即犯罪行为所致的具体侵害人。一般而言，刑事案

---

[1] 崔敏，王刚．毒品犯罪案件的特殊性及证据运用的特点［J］．中国人民公安大学学报，2003（4）：108－113.

件都有明确的“被害人”，侦查人员在案件发生后可通过询问受害人及其社会关系、单位的主管人员或直接责任人员来了解案情，确定案件性质、缩小侦查范围。但毒品犯罪案件除了引诱、教唆、欺骗他人吸毒犯罪外，一般没有明确的受害人，尤其是作为毒品犯罪案件典型代表的贩卖毒品案件，买卖双方有时候都是被依法打击的对象，即便是作为“间接受害人”的吸毒者，为了避免受到相应禁毒法规（如《强制戒毒办法》）的制裁，也会想方设法地隐瞒自己“被害”的经过，这就给案件侦查带来了一定的困难。因此，毒品案件侦查方法无论是在谋略的运用上或是在策略手段的选择上均不同于一般的刑事案件，既要注重对毒品犯罪源头的打击（如对大宗贩毒案件的打击），也要注重对零星贩毒案件的打击，通过加强对吸毒人员的管控，从中挖掘涉毒案件信息，采用“滚雪球”式的侦查方法逆向反推整个涉毒网络，实施对毒品犯罪的双向打击。

三、策略手段的特殊性

相较于一般的刑事案件，毒品犯罪案件网络架构上的单向联系性、证据收集的困难性、因果关系的复杂性、受害对象的特殊性、犯罪现场的不确定性等诸多显著特点使该类案件的侦查方法无论是运行模式还是运行环境均呈现出自身独有的特点，基于这种运行模式和运行环境的不同，毒品犯罪案件侦查策略手段也呈现出自身所独有的特点，其中，特情使用、卧底侦查以及控制下交付成为毒品犯罪案件侦查方法设计运用中最为显著和特殊的策略手段。

（一）刑事特情

刑事特情，也称“特情”、“线人”或“耳目”，是指侦查机关为预防和打击犯罪，从具有能够发现或接近犯罪嫌疑人，有一定能力并愿意为侦查机关工作的或具有能被侦查机关控制条件的人中物色建立用于了解犯罪嫌疑人思想动态、掌控犯罪嫌疑人或犯罪中的危险分子、收集证据，为侦破案件提供线索、情报的秘密力量。[1] 从概念可以看出，特情人员具有三个核心特征：一是具有能够获取线索、情报的先天条件或已经对犯罪活动有所掌控的人；二是获取线索的目的是提供给侦查机关；三是与侦查机关及侦查人员存在某种“交易”，或为了获取报酬，或为了得到从轻处理。在毒品犯罪案件侦查中，刑事特情是侦查机关常用的一种秘密力量，也是“经营”思想发挥实际效用常用的策略手段之一。[2] 多年来，无论毒品犯罪如何发展变化，特情人员基于长期混迹于涉毒人员圈子的先天优势，隐蔽性强，便于了解和掌握犯罪活动的动向及规律，一直作为毒品犯罪案件侦查中不可或缺的隐蔽力量，在信息情报的获取、涉毒网络架构研判中发挥着举足轻重的作用，[3] 更从一定程度上拓展了情报信息来源，提高了办案效率。

（二）卧底侦查

卧底侦查（The Undercover Investigation），是指经过特定挑选的法定侦查人员通过隐匿身份的方式，打入所欲调查之犯罪对象的组织或环境中，依法获取情报、收集证据及相关资料，用于对抗特别危险或侦查困难度极高案件的特殊侦查方法。[4] 从概念可以看出，卧底人员具有三大核心特征：第一，一般是指具有侦查权的国家机关工作人员；第二，为了获取信息情报、打击犯罪；第三，具有很强的专业素质和坚定的职业信仰。在毒品犯罪案件侦查中，卧底侦查一直是侦查机关采用的一种特有的策略手段，尤

[1] 李明．秘密侦查法律问题研究［M］．北京：中国政法大学出版社，2016：262－319.

[2] 孔丁英．毒品犯罪案件特情侦查证据的认定［N］．人民法院报，2016－08－03（006）.

[3] 章昌志．毒品犯罪侦查方法的设计运用［J］．犯罪研究，2003（1）：47－50.

[4] 城兆毅．卧底侦查与法治国原则［J］．月旦法学杂志，1998（2）.

其是对于一些案情极为复杂、证据获取难度大的跨境、跨区域的大宗贩毒类案件，侦查机关为了尽快获取案件信息、监控犯罪活动、收集证据，防止损害结果的发生，往往会派遣具有较强专业素质、过硬侦查技能、较高职业信仰的公安干警打入犯罪团伙内部，查获涉案毒品、收集涉毒相关证据材料，掌握毒品犯罪组织架构及人员构成，最终实现捣毁犯罪网络、抓获犯罪嫌疑人之目的，如2004年被评为“感动中国十大人物”的云南缉毒英雄明正彬，在其16年的缉毒生涯中先后106次打入贩毒团伙内部，抓获贩毒嫌疑人1900多名，缴获毒品3900多千克，缴获毒资5000多万元、运毒车辆170多辆，其凭借着过硬的专业素质和崇高的职业信仰，为我国的缉毒事业作出了突出贡献。[1]

（三）控制下交付

控制下交付可谓侦破毒品犯罪案件的一项专门性措施方法。在具体适用中，通常指公安机关禁毒部门在案件侦办过程中，对正在发生的涉及毒品的犯罪活动，可以不当场抓获，而是对其加以充分地秘密监控，让其在监控下继续实施，当犯罪行为又触及其他有关涉毒犯罪嫌疑人时再将其抓获的一项侦查措施。[2] 在世界范围内，控制下交付措施经历了在美国兴起、欧洲发展及全球盛行三个阶段。[3] 在我国，控制下交付于20世纪80年代被引进，并逐渐在侦办跨国毒品犯罪案件中得到广泛应用，如1988年破获的轰动全国的上海锦鲤鱼国际贩毒案，就是控制下交付在跨国毒品犯罪案件侦查中成功运用的第一案。1989年我国批准加入了《联合国禁止非法贩运麻醉药品和精神药物公约》，该公约对跨国实施

---

[1] 王馨影．缉毒英雄明正彬：106次生死卧底［J］．环球人物，2006（9）：64－67.

[2] 岳佳．控制下交付组织实施中诸问题之考量［J］．犯罪研究，2018（4）：51－59.

[3] 陈永生，蔡其颖．控制下交付的历史沿革探析［J］．山东警察学院学报，2013（3）：84－89.

控制下交付的基本含义、实施主体、实施对象、实施目的等进行了明确规定，自此，控制下交付作为应对跨国毒品犯罪的主要侦查措施方法在国内获得了正当性地位，如2008年在公安部协调下，我国与阿富汗、哈萨克斯坦禁毒部门通过联合行动，成功实施了3次控制下交付，并抓获嫌疑人员15名，缴获毒品7.5千克，摧毁了一批向我国实施走私的“金新月”毒品贩毒集团。[1] 就跨区域毒品犯罪而言，控制下交付也是缉毒人员侦破案件中常常使用的措施方法之一，尤其是对于摧毁整个毒品犯罪网络可发挥出显著的作用。2012年《刑事诉讼法》首次对控制下交付作出了立法规定，填补了我国控制下交付国内立法的空白，也使控制下交付的组织实施开始迈向程序化、法治化的轨道。

---

[1] 张昆．“金新月”地区毒品向中国渗透的国际化趋势与防范对策［J］．云南警官学院学报，2011（3）：18－23．

第三章

>>> 毒品犯罪案件侦查方法的理论基础

理论基础是学科研究及其知识体系建构的基石，是源于实践工作且渐已成为学科建构基础的认识。[1] 具体到侦查学领域，作为侦查学研究对象的侦查方法，系统性、开放性、可选择性等特征决定了侦查方法自身的完善与创新离不开对其他学科方法的移植与借鉴，而经济学、行为科学、法律制度中的相关原理对侦查方法运行机理、运行程式、运行框架等方面的系统性建构起着重要的作用，可为侦查方法自身的丰富与创新提供坚实的理论基础。作为侦查方法子系统的毒品犯罪案件侦查方法而言，侦查方法的理论基础亦是毒品犯罪案件侦查方法之理论基础，但需具备一定的条件：一方面，经济学、行为科学、法学中的具体原理要能够指导缉毒实践，与缉毒实践相契合并随着实践的发展而发展；另一方面，该原理需在毒品犯罪案件侦查实践中具有普适性意义，并对毒品犯罪案件侦查方法的理论体系构建具有一定的导向作用。需要说明的是，经济学、行为科学、法学中的相关原理并不能完全涵盖毒品犯罪案件侦查方法运行的全部理论基础，本书仅从上

---

[1] 王爱莲，康秀云．思想政治教育学理论基础：发展历程、核心命题与定位思考[J]．思想教育研究，2017（2）：22－27.

述学科体系中广泛而丰富的相关原理中选择与毒品犯罪案件侦查方法运行极为贴合的几个研究视角，讨论该类案件中侦查方法运行的理论基础问题。

第一节　毒品犯罪案件侦查方法的经济学基础

在当代，经济发展最显著的态势就是社会经济与法律的高度融合，法经济学作为一门运用现代经济学基本原理和实证分析方法，检验法律的形成、结构、运作过程、绩效及其未来发展的交叉学科，正是在这种背景下孕育而生。[1] 随着法经济学的不断兴起，其研究视域也被迅速扩展至环境问题、人事组织、犯罪控制等相关法律领域。[2] 在这一趋势下，作为犯罪重要控制手段之一的侦查也必然被纳入法经济学分析的视野。相应的，经济学及其基本原理也逐渐成为侦查方法设计运用中不可忽视的理论基础。

一、供求原理

供求原理是指任何一种商品需求或供给量的变化均会引起商品市场价格的变化，即在其他条件不变的情况下，市场需求量的变化会引起商品均衡价格以及均衡数量的同向变动，同样，市场供给量的变化则会引起商品均衡价格的反方向变动，均衡数量的同向变动。[3] 毒品作为一种特殊的商品，其特定的市场属性同样受供求原理的影响，当毒品市场供大于求时，毒品贸易网络就会降

---

[1] 冯玉军．法经济学范式［M］．北京：清华大学出版社，2009：14.

[2] 理查德·A. 波斯纳．法律的经济分析［M］．蒋兆康，译．北京：中国大百科全书出版社，1997：1－20.

[3] 蒋学模．政治经济学教材［M］．上海：上海人民出版社，2005：2－30.

低毒品价格，以求得更大的毒品市场；当供小于求时，毒品贸易网络就上浮毒品价格，以牟取更大的暴利。因此，缉毒人员只有深刻把握毒品市场的内在供求规律，才能制定切实有效的毒品犯罪案件侦查方法。

（一）毒品市场的供求平衡规律

从供求原理来看，毒品市场供求关系的变化会引起毒品价格的变化，同理，毒品价格的变化也调节着毒品市场供求关系的不断平衡。具体而言，毒品犯罪案件侦查工作的顺利开展可以从一定程度上给整个毒品犯罪网络带来重创，但与此同时，缉毒力量的强力“干预”也会像一双“看不见的手”，使毒品的价格受供求关系影响而不断上升，带来所谓的“幸存者”的风险利润。如同连锁效应一样，这种风险利润又进一步刺激了毒品生产和销售环节，造成利益诱导下毒品犯罪活动的肆意滋生，进而实现整个毒品犯罪网络的自我补偿。依此，我们甚至可以大胆地推测，在毒品种植、生产—加工、制造—贩卖、运输—分层贩卖—零星贩卖的整个犯罪链条上，只要任何一个环节被查获，就会出现毒品犯罪网络供给能力的下降和毒品供给环节的“缺位”，在需方市场相对不变的情况下，受供求关系的影响，毒品供给能力的下降会迅速带来风险利润，基于风险利润的引诱，已经“缺位”的毒品供给环节就会迅速通过其他渠道进行自我补充，促使整个供求关系重新趋于平衡。[1] 因此，毒品犯罪案件侦查方法设计运用中应注重对毒品市场供求规律的分析挖掘，同时从供方、需方两方面实施对整个毒品犯罪网络的打击，如此方能使整个案件侦查工作取得实效。

---

[1] 郑蜀饶．毒品犯罪规律的新认识及禁毒策略的思考［J］．法律适用，2007（12）：47－49.

（二）经营大宗毒案、打击供方市场

所谓大宗毒品犯罪案件，是以牟利为目的，将一定数量的毒品整体进行走私、运输或贩卖行为的案件。[1] 从我国历年禁毒报告可以看出，大宗毒品犯罪一直是我国毒品犯罪的主要形式，所涉毒品基本占据了我国毒品缴获总量的九成左右，是毒品犯罪案件侦查机关打击的重点对象。近年来，我国大宗毒品犯罪主要表现为：境外由“金三角”、“金新月”、南美、北美等地区“多头入境，全线渗透”；境内由毒品加工厂大量生产、加工、制造，并通过互联网、物流、海路、空路、陆路以及外流贩毒等形式最终贩运至我国各地，涉及区域线长面广、危害性极大。因此，在大宗毒品犯罪案件侦查中，对供方市场的打击即是对大宗毒品犯罪的打击，唯有如此才能有效遏制毒品向需方市场的流通。目前来看，我国大宗毒品犯罪主要呈现出犯罪组织机构的跨国化、组织化、集团化，犯罪手段的智能化、信息化（如利用现代通信工具进行联系，用窃听、定位、互联网遥控等科技手段进行操控，用信用卡、微信、支付宝或互联网金融工具进行交易，用地下钱庄等转移毒资），涉毒种类的多样化、新型化，贩运过程的枪、毒同流性等特点。面对大宗毒品犯罪案件呈现出的诸多特点，我国缉毒人员在深入开展国际警务合作、国内各相关部门协作的基础上，主要采用由“物—案”的传统侦查途径以及“物—数—案”的大数据侦查途径，坚持积极经营，通过公安内网平台资源（如公安云搜索、大数据平台、SIS 系统、DIAS 系统、禁毒信息综合应用系统等）、互联网平台资源（微信、QQ、支付宝、布谷鸟、CELLMAP、LBS 基站查询软件等外网核查工具）研判各类犯罪信息，分析犯

---

[1] 张晶，等. 毒品犯罪案件侦查要略 [M]. 北京：群众出版社，2004：2-10.

罪活动规律及犯罪嫌疑人活动轨迹，灵活运用侦查扩线、内线侦查、外线侦查、控制下交付、金融调查、公开查缉等措施方法，最终摧毁贩毒网络，抓获犯罪嫌疑人。

（三）深挖“零星”小案、控制需方市场

零星贩毒案件是与大宗贩毒案件相对的概念，是指直接向吸毒人员贩卖鸦片 200 克以下、海洛因或甲基苯丙胺 10 克以下或其他毒品数量较小的案件，其行为方式主要是将大量毒品化整为零进行销售。我国历年禁毒报告显示，截至 2018 年，我国登记在册的吸毒人数已经超过 200 万人，如按照每人每天吸食 0.1 克毒品计算，每年消耗的毒品将达到 70 余吨，如此巨大、稳定的需方市场不断刺激着毒品的生产、贩卖，同时也使作为整个毒品犯罪链条终端的零星贩毒案件呈现出喷井式增长，如在云南省，仅 1991 年上半年破获的 10 克以下的零星贩毒案数量就比上年同期增长 2 倍之多，并呈现出逐年递增的态势。[1] 相较于大宗贩毒案件，零星贩毒案件具有灵活性、即时性、诡秘性、流动性、智能性、对象不特定性等诸多特点，在特定条件下，零星贩毒者也会被犯罪组织或团伙吸收，转变为大宗贩毒组织的成员，社会危害性大、取证较为困难。因此，在毒品犯罪案件侦查中，对需方市场的控制离不开对零星贩毒活动的打击，唯有如此，才能有效遏制毒品向“吸毒市场”蔓延。面对零星贩毒案件呈现出的特点，我国缉毒人员在多部门、多警种协同作战的基础上，采用由“人—小案—大案”的侦查途径，运用“滚雪球”式的侦查模式，坚持主动进攻、机动灵活、及时快速的侦查原则，以技术侦查、视频侦查为突破性措施，层层推进，循线追击，锁定犯罪嫌疑人从预谋犯罪到实施

---

[1] 陶德华．浅谈零星贩毒行为的定罪处罚［J］．法律适用，1993（1）：10－12．

犯罪的活动轨迹，[1] 灵活运用阵地控制、内线侦查、外线侦查、侦查扩线等措施方法，对“零星”小案深挖细审，扩大侦查战果。

二、效益原理

在微观经济学领域，效益原理被普遍解释为单个经济体以尽量少的投入（成本）谋得尽可能多的产出（收益），即：效益 = $\frac{\text{产出（收益）}}{\text{投入（成本）}}$，投入（成本）越少、产出（收益）越高，经济效益也就越高，反之则反。效益原理作为经济学的基本原理之一，将其引入法学领域，并成功用以分析法律问题，是经济法学派的重要贡献之一。基于此，在毒品犯罪案件侦查中，侦查方法的设计运用也应遵循效益原理，即在尽可能减少缉毒成本投入的同时，谋得最大的侦查效益。

（一）侦查方法的价值原则

价值原则，即收益原理的核心价值，是用以评价效益高低的标准。价值原则通常以某种效益的达成是否通过科学有效的管理，是否对人、对组织、对社会具有意义作为评判的标准和价值的追求。在毒品犯罪案件侦查中，侦查方法的设计运用应当紧密围绕侦查目的开展，但是，这并不意味着“撕破一张网、斩断一条线”的侦查目的是侦查方法运行价值的唯一衡量标准。毒品犯罪案件侦查方法的设计运用是否有利于营造和维护良好的法治秩序，是否有利于向社会公众提供良好的法治环境，是否有利于树立毒品犯罪案件侦查机关良好的执法形象，是否有利于及时、准确、合法地破获毒品犯罪案件并防止危害后果的发生，是否有利于树立

[1] 沈惠章．零星贩毒案件及其侦查工作探析［J］．中国公共安全（学术版），2015（3）：107－109.

法律的权威并有效震慑毒品犯罪分子等，均是毒品犯罪案件侦查方法设计运用的价值之体现。因此，缉毒人员在侦查方法设计运用的过程中，必须统筹兼顾上述因素，使侦查方法的设计运用既有明确的指向性（围绕侦查目的实施），又能有效地震慑犯罪、满足社会公众的需要；既能促进毒品犯罪案件侦查机关缉毒工作的顺利开展，又能满足法治社会的内在要求。

（二）侦查方法的边际成本与收益

在微观经济学领域，边际效益通常被作为衡量效益大小的标准，即当边际成本等于边际收益时，将会带来边际效益的最大（利润的最大化）。所谓边际成本，是指每一单位新增产量带来的总成本的增量，即：边际成本 $=\frac{\Delta\text{总成本}}{\Delta\text{产量}}$；所谓边际收益，是指增加每一单位产品销售所带来的收益的增量，即：边际收益 $=\frac{\Delta\text{总收益}}{\Delta\text{销售量}}$，当 $\frac{\Delta\text{总成本}}{\Delta\text{产量}}=\frac{\Delta\text{总收益}}{\Delta\text{销售量}}$ 时，即带来了利润的最大化。在毒品犯罪案件侦查中，侦查方法运行的边际成本 $=\frac{\Delta\text{毒品犯罪案件侦查成本}}{\Delta\text{毒品犯罪案件侦破进展}}$，其中，毒品犯罪案件侦查成本是指为了案件侦查所投入的具体的人力、物力和财力，毒品犯罪案件侦破进展是指案件侦查向前推进的程度，具体包括推进过程中侦查机关掌控的涉毒人员数（含涉毒人员的层级）、涉毒数量、犯罪动向以及具体的交易时间、交易地点等；侦查方法运行的边际收益 $=\frac{\Delta\text{毒品犯罪案件侦查收益}}{\Delta\text{毒品犯罪案件侦破进展的社会效果}}$，其中，毒品犯罪案件的侦查收益是指案件侦查所取得的社会收益，包括物质性收益（如抓获的涉毒人数、缴获的涉毒数量等）和非物质性收益（如震慑毒品犯罪分子的效果、公民安全感的上升等），毒品犯罪案件侦破进展的社会效果是指案件向前推进程度所达到的社会效果，即是否为相关社会评价主体所普遍接受，那么，借助经济学的分析方法，当$\frac{\Delta\text{毒品犯罪案件侦查投入的成本}}{\Delta\text{毒品犯罪案件的侦破进展}}=\frac{\Delta\text{毒品犯罪案件侦查取得的收益}}{\Delta\text{毒品犯罪案件侦破进展的社会效果}}$，即达到了侦查效益的最大化。需要说明的是，对毒品犯罪案件侦查方法的经济分析难以像一般经济活动那样推导出“投入”与“收益”之间精准的数量关系，因为侦查所获得的收益并非能像商品那样进行数量化的精准评价，而是需要综合考虑社会因素、经济因素、政治因素等多方效果的实际取得，但这并不意味着我们对此无能为力，从上述公式可以看出，毒品犯罪案件侦查方法运行效益的最大化是与案件的投入成本、案件侦破进展、社会评价效果、侦查收益等因素紧密相关的，我们需要做的就是通过对这些因素进行梳理，从中挖掘出侦查方法高效运行的模式。

（三）侦查方法的高效运行

如前所述，我们永远无法谋得侦查方法运行效益最大化的精准公式，但是，我们在用经济分析法设计或改革毒品犯罪案件侦查方法时，可以从与其密切联系的相关因素中挖掘出侦查方法高效运行的模式。在总体策略上，毒品犯罪案件侦查方法投入的成本应在尽可能加快案件侦破进展的同时降低侦查投入成本。一方面，确保侦查方法运行成本投入的最优化，既不能因投入的人力、物力、财力的不足而阻碍案件侦查，也不能因成本投入的过剩而造成资源的浪费；另一方面，为了确保案件侦查侦破进展的高效推进，在毒品犯罪案件侦查方法运行中应充分发挥人民群众的力量，优化缉毒人员的职能分工，提高缉毒人员的办案积极性，确保办案过程的依法推进。在评价标准上，确立多指标的毒品犯罪案件侦查方法评价标准。长期以来，毒品犯罪案件侦破率常常与侦查人员的业绩挂钩，将侦查工作效果的衡量标准确定为破案时缴获的毒品数量、抓获的涉毒人数、捣毁的犯罪网络层级结构等，并以此作为评价缉毒人员或毒品犯罪案件侦查机关侦查工作好坏的标准。这种评价标准既是片面的，也是不科学的，不仅会造成侦查方法设计运用目的的单一性，更会造成侦查方法社会评价效果的片面性。因此，应建立一套系统的、科学的、完备的综合评价标准体系，全面评价毒品犯罪案件的侦查收益，进而确保毒品犯罪案件侦查方法的高效运行。

三、机会成本原理

机会成本（Opportunity Cost）是指单个经济体将有限的资源用于从事某项活动而不用于其他活动时所放弃的收益，是“为获得某种报偿而受到的惩罚或放弃掉的另一收益”[1]。在毒品犯罪案件侦查中，侦查方法的设计运用也应遵循机会成本原理，即缉毒人员将有限的侦查成本用于实施某项侦查措施方法时而放弃的从事其他侦查措施方法的代价或损失。

从犯罪控制层面分析，毒品犯罪案件侦查仅是社会治安防控体系工程建设中的一种有效手段，而毒品犯罪案件侦查方法则是确保该项手段高效推进的基础；从侦查层面分析，基于侦查成本的资源的稀缺性，即在毒品犯罪案件侦查中缉毒人力、物力、财力的有限性，毒品犯罪案件侦查机关往往无法同时开展多项侦查措施方法，此时，机会成本原理就成为侦查方法设计运用中一项重要的考虑因素，作为衡量毒品犯罪案件侦查机关是否开展某项侦查措施方法以及在各项采用的侦查措施方法中成本投入比例的标准。需要说明的是，毒品犯罪案件侦查方法设计运用中的机会

---

[1] 杨宗辉，刘为军．侦查方法论［M］．2版．北京：中国检察出版社，2012：125.

成本尽管不会带来现实上的物质损失，而仅是作为一种观念性的损失存在于缉毒人员的脑海中，但是，一旦毒品犯罪案件侦查方法的决策出现失误，其所带来的损失将会是现实的、无法弥补的。因此，缉毒人员在侦查方法设计运用中必须注重侦查资源的合理配置，探寻较优的人力、物力和财力的配置目标，❶ 综合运用现代科学技术手段，在提高侦查效益的同时，尽可能地降低侦查的机会成本，如缉毒人员一旦采用控制下交付措施进行毒品缉查活动，就需认识到该措施的实施必然会限缩或完全挤压其他措施方法实施的空间，面对案件形势的千变万化，控制下交付措施决策随时都会面临失败的风险，这就需要缉毒人员在决策时充分考虑侦查情势的复杂变化，从人员选择、实施路线方法、配套监控措施等多方面予以综合考虑，降低侦查机会成本。

第二节　毒品犯罪案件侦查方法的行为科学基础

“行为科学”这一名词首次出现于美国芝加哥大学一次讨论会上，随后便逐渐在世界范围内得到研究和应用。迄今为止，关于行为科学的定义主要有“广义说”、“狭义说”以及“折中说”三种，本书主要采用“狭义说”的观点，将行为科学视为一门以研究工作环境中人的工作行为为研究对象的管理学科。❷ 其对毒品犯罪案件侦查具有显而易见的指导意义。在毒品犯罪案件中，侦查方法的设计运用必然要以侦查环境中的“人的行为”，即毒品犯罪分子的犯罪行为、毒品犯罪案件侦查机关及缉毒人员的行为以及

---

❶ 程雷．刑事诉讼法《修正案》中的隐藏身份实施侦查与控制下交付［J］．中国检察官，2012（7）：11－13.

❷ 王怀明．组织行为学：理论与应用［M］．北京：清华大学出版社，2014：5－55.

其他与案件相关人员的行为为基础，设计、制定并有效实施相应的侦查方法。

一、理性原理

理性原理是假定所有的决策者都是理性的，他们在作出某种决策时，需要经由某种形式的逻辑推理选择出最能有效达到事实目标的行为方案，是用以描述人们决策过程中思维运行逻辑的理论。在毒品犯罪案件侦查方法设计运用中，理性原理主要体现在毒品犯罪案件侦查方法决策过程中，即在特定侦查情势中，当缉毒人员面临多个可供选择的侦查方案时，如何能选取达到既定侦查目标的尽可能好的思维运行逻辑。

（一）侦查方法的理性决策

在毒品犯罪案件中，侦查方法决策的过程亦是缉毒人员逻辑思维的运行过程。我们假设每个缉毒人员都是一个理性人，那么，毒品犯罪案件侦查方法决策过程似乎就可以用某种外化的框架或公式表示出来，即我们所说的侦查方法的理性决策框架。一般而言，缉毒人员侦查行动过程可以概括为三个步骤，即：

预定的侦查目的：G （3－1）

侦查行动的方案集：S（A、B、C…） （3－2）

具体侦查行动方案：X （3－3）

那么，（3－2）至（3－3）的过程中，就是侦查方法的决策过程，但其却始终是以（3－1）即预定的侦查目的G为决策前提的。若我们分别用A、B、C…表示毒品犯罪案件行动方案集S中的每个行动方案，用P（A）、P（B）、P（C）…表示每个行动方案的效度，用“>”或“<”进行行动方案的大小比较，用“→”表示缉毒人员对行动方案的选择，当缉毒侦查人员为到达预定侦查目的G时，侦查方法决策的理性框架就可以表示为：

如若：

$$P(A) > P(B、C\cdots) \rightarrow P(A) \quad (3-4)$$

则 X = A，A 即为从侦查行动方案集 S 中筛选出的具体侦查行动方案。

（二）侦查方法决策的有限理性

决策的有限理性是著名的美国管理学家、社会学家赫伯特·西蒙提出的，其认为工作环境中人的工作行为受认知能力、知识结构、文化素养以及外部决策环境复杂性、不确定性等多方面因素的影响，其理性行为是受限的，是无法做出完全理性的、排除一切主观因素的决定的。毒品犯罪案件侦查方法的决策过程也是有限理性的决策过程，并不能完全依照前述的 P（A）>P（B、C…）→P（A）理性框架予以简单地呈现，而是应当综合考虑缉毒人员的“背景知识”[1]（将其设为 K）、侦查方法的外部决策环境[2]（将其设为 Q），等等。笔者在此暂且忽略其他影响因素。因此，基于“P（A）>P（B、C…）→P（A）”的一个更为接近实际的、趋于有限理性计算模式应当表达为：

$$(K+Q)\text{ 背景下：}P(A) > P(B、C\cdots) \rightarrow P(A) \quad (3-5)$$

（3－5）的含义是：当缉毒人员依据自身的背景知识和对外部决策环境的有限认识，认为 A 方案优于其他方案（B、C 等）时，就会选择 A 方案。但是，我们不能忽视的是，缉毒人员基于认知背景的不同或外部决策环境的变化，（3－5）的理性计算模式就会发生变化，具体表现为：

（1）在 Q 不变的情形下，缉毒人员基于各自认知背景的不同，

---

[1] 这里的背景知识具体指毒品犯罪案件侦查过程中缉毒人员的认知能力、知识结构、文化素养等。

[2] 这里的外部决策环境具体指能够影响决策产生、存在和发展的一切外部因素的总和。

作出的侦查方法决策就不同，当大部分人认为B、C等其他方案优于A方案时，就会产生干扰最初决策者的新的信息“e”，如果最初的决策者听从了大部分人的观点，则出现：

$$[Q+(K\&e)]\text{背景下}：P(B、C\cdots)>P(A)\rightarrow P(B、C\cdots) \quad (3-6)$$

（2）在K不变的情形下，缉毒人员随着外部决策环境的不断变化，会获取到新的信息“e′”，当它足够对最初的决策方案产生影响时，就会使决策者放弃A方案而选择B、C等其他方案，则出现：

$$[K+(Q\&e')]\text{背景下}：P(B、C\cdots)>P(A)\rightarrow P(B、C\cdots) \quad (3-7)$$

（3）在K和Q同时变化的背景下，当综合的信息量足以改变最初作出的决策时，缉毒人员就会放弃A方案而选择B、C等其他方案，出现：

$$[(K\&e)+(Q\&e')]\text{背景下}：P(B、C\cdots)>P(A)\rightarrow P(B、C\cdots) \quad (3-8)$$

（三）侦查方法决策的理性选择

毒品犯罪案件的侦查方法决策属于对策性问题，是缉毒人员在与毒品犯罪分子博弈中所面临的必然选择，而侦查外部决策环境的复杂性、多变性以及缉毒人员自身对外部环境认知能力、计算能力的有限性，使缉毒人员永远无法勾勒出最优化的解决方案。因此，缉毒人员所要做的就是如何在复杂的决策环境中理性地选择出效用最大、满意程度最高的侦查方案。在行为科学领域，满意程度的评价标准是费用、时间、风险、效果等因素的总和，在理性选择下，最优化的毒品犯罪案件侦查方案也应当是投入成本最小、效率最高、风险最小、评价效果最高的侦查方案。这就要求缉毒人员一方面必须高度重视案件相关信息的收集、研判、选择和运用，充分掌握毒品犯罪分子的活动规律、监控犯罪活动的动向，尽量降低侦查方法决策的风险，提高办案效率；另一方面，缉毒人员要充分发挥自己在案件侦查中的主导权，科学、有效地引导或干预毒品犯罪分子的主观判断，改变其固有的“背景知识”，谋得一种良好的“合作关系”。因为，只有当毒品犯罪分子选择了有助于缉毒人员行动方案“A”的行动方案“A′”时，才能使缉毒人员以最少的成本投入、最低的风险，实现最大的侦查效果，即P（A）>P（B、C…）→P（A）（缉毒人员）和P（A′）>P（B′、C′…）→P（A′）（毒品犯罪分子），两个计算模式中的A行动方案与A′行动方案之间达到了良好的“合作关系”。

二、渐进性原理

渐进性原理存在于事物不断发展变化之中，是用以描述事物发展过程中连续的、累计的并最终达成目的的过程特征。[1] 渐进性原理突出的是事物的发展变化并不是一蹴而就的，而是一个相对缓慢的、由量变到质变的过程。毒品犯罪案件侦查方法的设计运用也不是一蹴而就的，缉毒人员不可能“一步到位”，直接找到最令人满意的侦查方案，而是要在历史和法治的进程中经过不断地自我否定、自我修正，最终将其予以完善。

（一）侦查理念的渐进性

理念，又称信念，是人们归纳或总结事物时的思想、观念和法则，是被上升到理性高度的“观念”。在社会发展过程中，理念不是一成不变的，而是通过不断与周围环境的磨砺、融合，并逐步得到进步与成熟。所谓侦查理念，就是人们基于一定的价值观

---

[1] 秦辉，傅梅烂．渐进性创新与突破性创新：科技型中小企业的选择策略［J］．软科学，2005（1）：78－80.

念、意识形态以及文化传统，对侦查的目的、属性以及运行模式的认识和观念。[1] 侦查理念发展是与一国的立法、经济、文化的发展密不可分的。在毒品犯罪案件侦查过程中，侦查理念是侦查方法设计运用的前提和基础，也是侦查方法设计运用不能违背的精神支撑，所有缉毒侦查方法的开展均应将侦查理念居于先行和先导的位置。改革开放初期，毒品犯罪分子利用我国云南地区的特殊地理位置优势，将走私入境的毒品经云南流向全国，或经云南转至广东，再经广州、香港地区贩至欧美及世界各地，并不断向内陆地区渗透。20 世纪 90 年代，国内毒品犯罪活动日益猖獗，成为一个全国性的问题。为应对毒品犯罪高发的严峻态势，1991 年召开的第一次全国禁毒工作会议首次提出以“禁贩、禁吸、禁种”为中心的“三禁并举、堵源截流、严格执法、标本兼治”的禁毒方针。在该方针政策指引下，我国毒品犯罪案件的侦查理念突出的是以“严格执法”为重点的“敌我斗争”观念。受同时期侦查理念的影响，我国毒品犯罪案件侦查方法也呈现出侦查目的运行的单一化、策略手段运行程式的随意化等，仅以打击犯罪作为侦查方法之唯一目的。1998 年召开的第三次全国禁毒工作会议将禁毒工作的基本方针的“三禁”调整为“四禁”（禁吸、禁贩、禁种、禁制）。进入 21 世纪，随着禁毒立法的不断完善，我国毒品犯罪案件的侦查理念逐步得到转变，尤其是 2004 年国家禁毒委员会首次将“预防为本、综合治理”加入禁毒方针政策中，我国毒品犯罪案件的侦查理念中“敌我斗争”的尖锐矛盾逐渐得到消解，开始转向以直面问题、查明事实为目的的“实事求是”观念，毒品犯罪案件侦查方法设计运用过程中也开始注重程序价值的体现；随着 2008 年《中华人民共和国禁毒法》的颁布以及《刑事诉讼

---

[1] 毛立新．论我国侦查理念及其法治化［J］．政法学刊，2006（5）：28－32.

法》（2012修正）的相继出台，在毒品犯罪案件侦查中，更多地将尊重和保障人权、打击和预防并举的理念融入其中，毒品犯罪案件侦查的理念也开始转向以程序公正和实体公平并行的“正当程序”观念，毒品犯罪案件侦查方法设计运行中也逐渐开始将秩序、正义的价值置于首位，优于效益价值。

（二）侦查程序的渐进性

侦查程序是指在刑事案件侦查过程中，侦查主体实施侦查行为时所遵循的一般顺序或步骤，是侦查人员行为规范与否的评价标准。从某种层面来说，侦查程序即为一种得到普遍认可的侦查方法的运行范式，是被上升到侦查制度层面的具有普适性的侦查方法，如现场勘查的基本方法，即为“现场保护—实地勘验与现场访问并行—现场分析与重建”的基本步骤。在毒品犯罪案件侦查中，侦查方法的设计运用也应当严格遵循某种程序性标准，顺次推进，切不可跨越某些环节而采用“一步到位”式的运行方式。在方法运行程式上，应严格按照“获取情报信息—核实情报信息—确立案件侦查方向与突破口—采用内线侦查、外线侦查、控制下交付、阵地控制、金融调查等措施方法监控犯罪—结合全案已获信息和证据确立收网时机—侦破案件”的顺序开展，禁止为迅速达到侦查目的而省略或跳跃某些环节；在证据收集过程中，尤其是涉案毒品的收集过程中，应严格按照“涉案毒品提取—扣押—称量—取样—送检”的程序进行，对其中任何一个环节都不可以跳跃或省略，即便是在“提取”这一环节中，也应当严格按照物证提取的相关规定进行。程序是实现实体公平的前提，因此，毒品犯罪案件侦查方法设计运行中，一定要严格遵循相关程序标准，循序渐进地开展侦查活动。

（三）侦查方案的渐进性

在毒品犯罪案件侦查过程中，基于前期对案件情报信息、涉案证据等掌握的有限性，缉毒人员往往无法一次性地制定出能准确达到预定侦查目的的侦查行动方案。通常的做法是综合已有的全部情报信息，结合缉毒人员丰富的“知识背景”，制定出一条看起来具有可行性的、令人满意的行动路线，即我们通常所说的案件前期的侦查方向。实践中，毒品犯罪案件的侦查过程往往是与整个毒品犯罪活动同步进行的，作为一种实现预测的、带有主观色彩的侦查行动计划，难免或多或少会与案件实际情况之间存在一定“差距”，侦查过程中，随时会出现一些无法提前掌控的意外情况，对整个侦查方案产生影响。随着案件侦查工作的深入开展，缉毒人员获取的案件信息量也逐渐增多，毒品犯罪组织的整体网络架构也逐渐浮出水面，这时就需要缉毒人员依据案情进展，及时对最初制定的侦查方案进行相应的改造或修正，设计制定出更“令人满意”的侦查方案。因此，侦查人员在制定侦查方案时，总会提前制定出应对突发情况的多种侦查替代性方案，使其在具体实施中有一个适度的可调幅度，最终确保整个案件侦查工作取得较好的结果，这也是渐进性原则的体现。

三、人本原理

人本原理，又称以人为本的原理，是指任何组织行为都要以人为核心，以人的权利为根本，在充分肯定人的地位和作用的同时，发挥人的主观能动性，力求实现人自由的、全面的发展。[1] 在毒品犯罪案件中，侦查方法的设计运用亦是人思维逻辑运用的体现，是缉毒人员依据侦查情势的变化所做出的尽可能系统的、全面的侦查行动计划。

---

[1] 陈惠雄．人本经济学原理［M］．上海：上海财经大学出版社，2006：3－35.

（一）侦查思维的人本属性

侦查思维，是指侦查人员在案件侦查中所采用的假设、推理、判断、论证等一系列复杂的逻辑推理过程，侦查方法就是这种逻辑推理过程的产物，并最终通过具体的侦查行为表现出来。[1] 在毒品犯罪案件侦查方法设计运用中，任何一个环节的开展都离不开“缉毒人员”这个最核心、最关键的因素。毒品犯罪案件侦查机关及侦查人员在整个侦查方法设计运用中都必须牢固树立“以人为本”的侦查理念，充分发挥缉毒人员的主观能动性、办案积极性以及积极经营的主体侦查思路，如此方能更好、更高效地完成整个案件侦查工作，实现预定侦查目的。为此，我们在侦查方法设计运用中应从个体行为理论、集体行为理论、领导行为理论三个层面注重对缉毒人员侦查思维的培养：一是灵活运用个体行为理论，激励缉毒人员参与案件侦查的积极性、激发缉毒人员的职业信仰、树立缉毒人员的团队合作的理念（如成立专案组）；二是充分运用集体行为理论，合情、合理、合法地建构缉毒人员之间的“人际关系”，提高团队组织合力；三是全面运用领导行为理论，充分发挥领导在团队组织中的中坚作用，优化团队的职能分工，尽可能地发挥出每个缉毒人员的特长，提高整个团队的协同作战能力。

（二）侦查博弈的人本属性

侦查博弈，是指案件侦查过程中相关各方（主要是侦查主体与侦查对象“人”）在特定利益格局中如何选择行动以及行动规律的对抗或合作。[2] 在毒品犯罪案件侦查方法设计运用过程中，侦查博弈主要存在于缉毒人员和毒品犯罪分子之间，且无处不在，缉

---

[1] 郭翔．犯罪学辞典［M］．上海：上海人民出版社，1989.

[2] 李双其．侦查博弈论［M］．北京：中国人民公安大学出版社，2013：19.

毒人员必须不断地提醒自己，与其打交道的毒品犯罪分子并不是任其随意摆布的人偶，而是有思想的、具有复杂互动行为方式的人。因此，缉毒人员在设计运用侦查方法时，应从两个层面把握侦查博弈中的人本理念：在博弈对抗层面，缉毒人员应在尽可能地运用各种策略方法监控犯罪活动、获取案件信息的基础上，根据对方可能采用的策略以及策略的变化适时使用相应的策略方法，以抢占先机，克敌制胜；在博弈合作层面，缉毒人员需将毒品犯罪分子作为一个与自己平等的人来看待，尽可能地站在对方的立场和环境中思考问题，以毒品犯罪分子的“需要”作为开启其心理“黑箱”的钥匙，并依此在缉毒人员与毒品犯罪分子之间建立起一种共同的目标或相近的价值取向，最终形成一种“双赢”的局面。需要说明的是，侦查对抗博弈是一种零和博弈，即双方博弈主体之间一方获胜则另一方必然惨败，而侦查合作博弈是一种正和博弈，一方所得并非另一方所失，反之亦然。在毒品犯罪案件侦查方法设计运用中，为降低风险，提高侦查效率，应尽可能地采用正和博弈，或积极创造条件，将零和博弈转化为正和博弈。

（三）侦查方法优化的人本属性

人本原理要求侦查方法设计运用过程中应尽可能地发挥人的聪明才智。从长远利益考虑，毒品案件侦查方法的最终优化靠的是缉毒人才的不断成长。因此，毒品犯罪案件侦查机关应始终坚持将人才培养置于首位，推动人力资本积累机制创新，建构起一支特别能战斗、特别能吃苦、特别能奉献、特别能创新的缉毒公安队伍。在组织培训层面，一方面，缉毒机关需定期组织警务培训和经验交流座谈会，聘请具有丰富理论知识和实践经验的高校教师和实践部门的专业人才对广大缉毒干警进行专业培训，尤其应注重对高科技缉毒警务人才的培养；另一方面，缉毒机关需定期组织各地相关缉毒、禁毒部门，尤其是与缉毒经验较为丰富地区的缉毒部门之间的实践经验交流会，通过彼此之间的学习、借鉴，创新侦查方法。在人才引进层面，缉毒机关应注重构建多层次的人才引进机制，尤其注重吸纳有丰富法律知识、计算机知识和金融知识的人员，最终构建一支综合素质过硬的缉毒专业队伍。

第三节　毒品犯罪案件侦查方法的法律制度基础

法律是侦查人员的立身之本，是衡量侦查方法优劣的准绳。[1]侦查方法的运用一旦脱离了法制的轨道，必然会带来实践运用的随机性和任意性，使程序公正和实体公平的诉讼价值难以实现。

一、禁毒立法与毒品犯罪案件侦查方法

目前，我国的禁毒立法体系主要由《刑法》《刑事诉讼法》《禁毒法》《药品管理法》《麻醉药品和精神药品管理条例》等相关法律、法规组成，对整个毒品犯罪案件侦查方法的设计运用起到了规范和指引的作用。

（一）扩充适用案件范围

毒品犯罪案件侦查方法的设计运用始终以毒品犯罪罪名的设置为前提，如果没有刑法的罪名设置，毒品犯罪案件侦查方法也就失去了发挥效用的“空间”。1979 年《刑法》仅规定了“制造、贩卖、运输毒品罪”，对于走私毒品的行为并未设置专门的罪名，而是以走私罪定罪处罚。实践中，当时的毒品犯罪案件侦查方法适用案件的范围极为“狭窄”，缉毒人员对于频频发生的包庇毒品犯罪分子、窝藏转移毒品和毒赃等行为根本无法展开侦查。随着

---

[1] 王传道. 侦查谋略学［M］. 北京：中国政法大学出版社，2004：51.

1997 年《刑法》以及 2015 年《刑法修正案（九)》的正式颁布，我国毒品犯罪罪名逐步得到扩充和细化。其中，1997 年《刑法》在充分吸收 1990 年《关于禁毒的决定》所设罪名的基础上，新增非法买卖制造毒品罪和非法买卖、运输、携带、持有未经灭活的罂粟等毒品原植物或幼苗罪，在扩充毒品犯罪案件侦查范围的同时，也推进了毒品犯罪案件刑事规制的深度，使毒品犯罪案件侦查由毒品本身延伸至毒品原植物种子及幼苗；2015 年《刑法修正案（九)》对 1997 年《刑法》第 350 条有关毒品犯罪的构成要件进行了扩大，增设了“生产”和“运输”制毒物品两种行为方式，扩大并明确了制造毒品罪共犯的范围，取消了“境内”的地域限制。可以看出，《刑法》罪名设置的不断完善使毒品犯罪案件侦查方法适用案件的范围进一步得到扩充，各类毒品犯罪案件侦查方法设计运用不断得到“法”的支撑，整个毒品犯罪案件侦查方法在受到法律规制的同时，也不断得以丰富和完善。

（二）规范操作程式

在毒品犯罪案件侦查中，侦查方法的具体实施不应是无序、随意的，而应是有序、规范的，这也是法律程序价值之体现。1979 年，我国首次颁布的《刑事诉讼法》专设“侦查”一章，对具体侦查措施方法及其操作程序进行了规定，这也使毒品犯罪案件侦查方法自此有了统一的操作程式标准。1996 年，我国《刑事诉讼法》着重对既有程序制度进行了修补和完善，[1] 使毒品犯罪案件侦查措施方法尤其是强制措施方法在使用中更加注重对法律程序的尊崇，注重对毒品犯罪人人权的保护。基于毒品犯罪案件自身的独有特性，缉毒人员在案件侦查中常常采用的技术侦查、控制下

[1] 郭松，高欧．中国刑事诉讼制度的立法变革：路径、特质与成就［J］．昆明理工大学学报（社会科学版），2017（4）：1－11．

交付、接触式侦查等措施方法却一直未受到立法的规制，只能援引相关的国际公约或从其他相关部门法中寻找其适用的法律依据，致使毒品犯罪案件侦查方法实践操作的随意性问题尤为凸显。2012年《刑事诉讼法》对技术侦查、隐匿身份侦查、控制下交付等秘密侦查措施方法进行了明确的立法规制，彻底改变了秘密侦查措施方法无法可依的实践运行状态，同时也进一步规范了毒品犯罪案件中秘密侦查方法的操作程式。此外，2012 年《刑事诉讼法》还确立并完善了非法证据排除规则，对侦查讯问措施方法、强制措施方法也给予了完善和细化，上述诸多规定均使毒品犯罪案件侦查方法运用的程式和标准得到了完善与细化。

（三）指明实施方向

毒品犯罪案件侦查方法的具体实施应当有明确的方向和目的。多年来，禁毒立法的不断完善与细化为毒品犯罪案件侦查方法的具体实施指明了方向。相较于被废止的 1990 年《关于禁毒的决定》，1997 年《刑法》在犯罪成立标准、毒品种类及数量认定方面都给予一定的扩充和完善，为毒品犯罪案件侦查方法的实施提供了更为明确的方向指引，具体表现在：一是紧贴毒情形势，适时拓宽了毒品的外延，将“冰毒”纳入毒品的定义之中，并规定了毒品犯罪案件中冰毒的量刑标准，为侦查人员侦办此类案件提供了明确的标准；二是制定了涉案毒品数量的认定标准，明确规定毒品数量认定不以纯度折算，侦查方法在具体实施过程中需着重对毒品的种类及数量进行认定；三是扩大了毒品犯罪案件中单位犯罪的范围，并对身份犯的规定进行了立法技术调整，明确了毒品犯罪案件侦查方法具体实施中如何认定犯罪主体。

2008 年颁布的《禁毒法》是我国首部全面规范禁毒工作的法律,[1] 其对毒品犯罪案件侦查方法标准及程序的完善主要体现在以下几个方面：一是凸显了我国禁毒方针中预防为主、综合治理的禁毒理念，使毒品犯罪案件侦查方法在注重打击犯罪的同时，更应注重方法本身对犯罪的预防作用；二是进一步明确了禁毒国际合作、国内协作的内容和程序，为毒品犯罪案件侦查方法实施过程中如何开展禁毒国际合作、国内协作以及对开展合作中缴获的毒品如何处理等问题指明了方向。

1997—2011 年，我国云南省、四川省凉山彝族自治州、陕西省、贵州省等毒品犯罪较为突出的地区均先后制定了适用于当地毒情发展形势的禁毒条例，为各地毒品犯罪案件侦查方法的具体实施指明了方向，具体体现在：一是对禁毒方针进一步予以阐明，各地禁毒条例中均涉及有关禁毒方针的规定，进一步明确毒品犯罪案件中侦查方法实施的基本理念；二是再次对毒品概念进行了规定，为毒品犯罪案件侦查中案件性质的定性以及涉毒证据的固定、提取、收集等过程中侦查方法的运用起到指引作用；三是凸显了禁毒协作的重要性，使毒品犯罪案件侦查方法在具体实施中加强了与民政、卫生、工商、海关、金融、邮政、交通运输等部门的相互配合；四是明确规定了对毒品违法犯罪工具的处理，为毒品犯罪案件侦查方法实施中如何固定、提取、保存及处理该类证据指明方向；五是对各类毒品犯罪方式，尤其是利用婴幼儿从事毒品犯罪的行为进行规定，为侦查方法具体实施提供方向；六是指出毒品犯罪所涉及的重点行业，对毒品犯罪案件信息情报收集及证据获取等环节侦查方法的运用提供方向；七是对尿检的范

---

[1] 刘建宏．新禁毒全书（第五卷）：中国禁毒法律通览（上）［M］．北京：人民出版社，2014：60－122.

围进行规定，限制了侦查方法实施过程中侦查人员对强制性尿检手段的滥用。

二、禁毒司法解释与毒品犯罪案件侦查方法

2000年最高人民法院颁布了《关于审理毒品案件定罪量刑标准有关问题的解释》（法释〔2000〕13号）（以下简称2000年《解释》），进一步完善了部分常见毒品的数量及其量刑标准。为了积极应对毒品犯罪的新形势，2016年，最高人民法院又出台了《关于审理毒品犯罪案件适用法律若干问题的解释》（法释〔2016〕8号）（以下简称2016年《解释》），这是最高人民法院首次以司法解释的形式对各类毒品犯罪定罪量刑的相关问题进行的全面规定，同时也为毒品犯罪案件侦查方法的制定与实施指明了方向。

（一）指明毒品数量认定方法

在毒品犯罪案件侦查中，涉案物品的种类及其数量的认定，直接决定着案件的性质及其侦查方法适用的前提和方向。2000年《解释》对现实中常见的毒品种类如吗啡、可卡因、杜冷丁、咖啡因、罂粟壳等的数量认定标准进行了规定，对毒品犯罪案件侦查中毒品种类、涉毒数量的认定方法起到了明确的指引作用。近年来，随着新型毒品种类的不断翻新，尤其是被称为“实验室毒品”的新精神活性物质的出现，使毒品犯罪分子在很短的时间内就可以对被列管的精神活性物质进行简单的结构修饰，生产出与其效果相同甚至更强的新物质，并通过“合法的外衣”迅速将其流入市场，使缉毒人员无法准确界定涉案物品的种类，即便最终确定为毒品，也无法准确认定涉案毒品的数量，致使整个案件侦查方法的制定与实施失去了前提和方向。针对毒品犯罪案件的新情况、新问题，2016年《解释》对市场上新出现的12种新类型毒品（如芬太尼等）定罪量刑数量标准进行了规定，并降低了氯胺酮的定

罪量刑数量标准，下调了制毒物品的定罪量刑数量标准，为侦查机关办理该类案件提供了前提和基础。

（二）细化证据收集内容

相较于2000年《解释》，2016年《解释》首次对非法提供麻醉药品、精神药品，非法种植毒品原植物，非法买卖、运输、携带毒品原植物种子，容留他人吸毒四类毒品犯罪行为的定罪标准进行了规定，这就使缉毒人员在侦查方法实施过程中，更加注重从犯罪前科、犯罪主体身份认定、犯罪次数、犯罪动机、犯罪对象、犯罪后果等多方面收集证据，认定犯罪。如在容留他人吸毒类案件的侦办过程中，缉毒人员应注重从容留吸毒人数、容留次数、涉毒嫌疑人是否受过行政处罚、是否容留未成年人、是否以牟利为目的、是否造成严重后果等方面收集证据，判定涉案事实。此外，2016年《解释》还对走私、贩卖、运输、制造毒品，非法持有毒品，引诱、教唆、欺骗他人吸毒等类型的毒品犯罪中“情节严重”的认定标准进行了规定，这就使缉毒人员在侦查方法实施过程中更加注重从犯罪次数、犯罪场所、犯罪对象、犯罪成员构成、犯罪主体身份、犯罪数量、犯罪后果等多方收集证据，认定犯罪情节。如在贩卖毒品类案件侦查过程中，缉毒人员应注重从贩卖地点是否为戒毒场所等，贩卖对象是否为在校学生，贩卖组织成员是否组织、利用残疾人或孕妇等，贩卖主体是否为国家工作人员等多方面收集证据，尽力为司法机关认定犯罪情节提供完整的证据链条。

（三）明确网络涉毒案件侦查方向

20世纪90年代以来，随着互联网技术的飞速发展，我国毒品犯罪逐渐呈现出由线下向线上、由物理空间向虚拟空间转移的新趋势。现实中，利用互联网进行走私、贩卖、运输、制造毒品，引诱他人吸毒，传授毒品犯罪方法，聚众吸毒等违法犯罪行为时有发生。如何界定案件性质、确定侦查方向已然成为该类案件办理过程中的首要工作。2016 年《解释》在 1997 年《刑法》关于非法利用信息网络罪、帮助信息网络犯罪活动罪相关规定的基础上，在立法技术上采用列举的方式进一步对利用信息网络贩卖毒品、实施传授制造毒品、组织他人吸食注射毒品等违法犯罪行为的认定作出了规定，对上述行为同时构成贩卖毒品罪、传授犯罪方法罪等犯罪的，一律按照处罚较重的规定予以处罚，这使缉毒人员在案件办理过程中能准确地界定案件的性质，并在此基础上迅速确定侦查的方向和重点，从涉毒种类、涉毒数量、涉毒网络平台、涉毒人数、涉毒行为等方面及时固定、收集和提取视听资料、电子数据等相关物证，抓住战机，采用多地区、多警种联动的方式迅速破案。

三、禁毒规范性文件与毒品犯罪案件侦查方法

近年来，为有效解决司法实践中新出现的有关毒品犯罪法律适用的问题，最高人民法院会同有关单位先后制定了多部规范性文件，[1] 具体包括 2008 年《大连会议纪要》、2015 年《武汉会议纪要》以及 2015 年《关于加强互联网禁毒工作的意见》、2016 年《毒品提取、扣押、称量、取样和送检程序若干问题的规定》（以下简称 2016 年《规定》）等多部禁毒规范性文件，对毒品犯罪案件侦查方法设计运用中毒品收集的流程、特情人员的使用、疑难案件的侦查方向等问题起到了规范和指引作用。

（一）规范毒品收集的方法

与一般刑事案件不同，毒品犯罪案件侦查自始至终都离不开

---

[1] 指具有约束力的非立法性文件。

"毒品"，一旦相关证据收集环节出现问题，将会使整个案件的侦查工作功亏一篑。证据收集环节相关规定的阙如难免会使缉毒人员基于自身利益的考量，在证据收集过程中出现各种瑕疵。为有效解决上述问题，2016 年"两高一部"颁布的2016 年《规定》对毒品的提取、扣押、称量、取样和送检等环节的操作程式及标准作了严格的规定，规范了毒品犯罪案件中证据的收集方法，具体表现在：一是对毒品提取、扣押的重点、方式、程序等进行了详细的规定，规避了毒品在提取、扣押环节出现被污染、被损坏、被替换、被混淆等问题；二是对毒品称量的方式、程序、标准以及注意事项等作了细致而全面的规定，有效避免了毒品称量过程中的违规操作；三是对毒品取样的主体、程序、方式等问题进行了规定，细化了各类毒品的具体取样方法，避免了毒品因取样的不规范而导致最终鉴定工作的无效开展；四是对毒品送检的时效、程序以及相应鉴定机构选择等问题进行了规定，避免了被取样的毒品因长时间未送检而影响最终的鉴定结果，同时也对现实中毒品原植物及其种子、幼苗等涉案物品如何鉴定作了详细规定。

（二）规定特情使用的具体方法

特情，也称线人，是毒品犯罪案件侦查中常用的策略手段之一。然而，长期以来，特情措施自身操作的危险性以及相关立法规定的阙如，其合法性和正当性问题一直被实践部门所淡化。为进一步明确特情使用的具体方法并对其操作程式予以一定程度的规制，2008 年《大连会议纪要》在继承肯定2000 年《南宁会议纪要》"犯意引诱"与"数量引诱"刑罚适用原则的基础上，承认特情介入是公安机关办理毒品犯罪案件所采用的重要手段，并明确指出对于"已持有毒品待售、有证据证明准备实施大宗毒品贩卖"等行为的案件，可以采用贴靠、接洽等特情手段开展案件侦查，为特情手段的具体使用提供了较为详细的指引。此外，2008 年

《大连会议纪要》还对特情介入中存在的“犯意引诱”“双套引诱”“数量引诱”等情形的刑罚适用问题作出进一步规定，一方面肯定了公安机关采用该类措施方法的合法性，另一方面也指出公安机关在采用特情手段时，应对其具体操作的流程、操作方式、实施内容等问题予以详细记录和说明，并最终以案卷的形式移交给检察机关进行审查。

（三）指明疑难案件的侦查方向

在毒品案件侦查中，缉毒人员常常会遇到各种疑难案件，诸如吸毒者购买、运输、存储毒品的行为认定，为吸毒者代购毒品的行为认定，买卖毒品活动中居间介绍者共犯的认定，两人以上共同运输毒品活动中共犯的认定等，如若不能准确界定上述案件性质，就无法确定侦查的方向和重点，最终影响缉毒实效的取得。2008 年《大连会议纪要》和 2015 年《武汉会议纪要》对上述疑难案件中犯罪行为的定性问题分别作出了规定：一是吸毒者在购买、运输、存储毒品过程中被查获，没有证据证明其是为了实施贩卖等其他毒品犯罪的，涉毒数量如果超出《刑法》第 384 条规定之最低标准的，在购买、存储过程中被查获的，认定为非法持有毒品罪，在运输过程中查获的，认定为运输毒品罪。二是对行为人为吸毒者代购毒品的，在运输过程中被查获，没有证据证明代购者、托购者是为了实施贩卖毒品等其他犯罪，毒品数量达到较大以上的，对托购者、代购者以运输毒品罪共犯论处，如若代购者在代购过程中收取了除代购毒品所支付的必要支出（如交通、食宿等）以外的费用的，均可认定为以牟利为目的的贩卖毒品行为，认定为贩卖毒品罪。[1] 三是对居间介绍者是否成立共犯以及在毒品交易中所处地位、发挥效用等方面分别作出了规定，受贩毒者委

---

[1] 高巍．中国禁毒三十年［M］．上海：上海科学院出版社，2017：79－108.

托，为其介绍联络购毒者的，或者同时与贩毒者、购毒者共谋，联络促成双方交易的，均认定为与贩毒者构成贩卖毒品罪的共犯；居间者受购毒者委托且事先知晓购毒者购毒的目的是贩卖，为其介绍联络贩毒者的，与购毒者构成贩卖毒品罪的共犯；受购毒者委托且购毒者购毒的目的是自己吸食，为其介绍联络贩毒者，毒品数量达到较大以上的，一般与购毒者构成非法持有毒品罪的共犯。同时，居间介绍者对促成毒品交易起次要、辅助作用的，应当认定为从犯，在毒品交易中超出居间介绍者地位，对交易的发起和达成起重要作用的，可以认定为主犯。四是对运输毒品罪共犯的认定，两人以上同行运输毒品的，应当从是否明知他人带有毒品，有无共同运输毒品的意思联络，有无实施配合、掩护他人运输毒品的行为等方面综合审查认定是否构成共同犯罪。这些规定均促使缉毒人员积极采取有效的侦查措施方法，查明吸毒者购买、运输、存储毒品的数量和是否有贩卖等其他犯罪的故意；查明代购者代购毒品数量、为谁代购毒品、是否获取非法利益；查明居间介绍者在毒品犯罪中所处的地位和作用、与交易主体哪一方关系密切、对所交易毒品用途的知晓程度、涉毒数量等；查明两人以上运输毒品犯罪中受雇者之间是否有共同犯罪故意、是否进行共谋、受雇者是否配合和掩护他人运输毒品、是否存在对运输毒品起组织和指挥作用的其他人员等，对整个缉毒工作中侦查方法的制定与实施起到了明确的指向性作用。

第四章

>>> 毒品犯罪案件侦查方法的运行困境

20 世纪 70 年代末，境外贩毒集团和贩毒分子利用我国改革开放之机以及毗邻“金三角”毒源地的地理位置，将毒品经营的重点悄悄地从“金三角”南部转向了中国南部——云南省、广西壮族自治区和广东省等地，并迅速向全国各地扩展，我国毒品违法犯罪问题死灰复燃，且愈演愈烈。随着我国毒品犯罪区域的不断扩大、手段的不断升级、渠道的不断拓展、毒品种类的不断翻新、境外组织的“多头入境，全线渗透”等问题的不断暴露，我国早已由最初的毒品过境国转变为世界重要的毒品生产、制造、消费国。为全面有效地打击毒品犯罪，毒品犯罪案件侦查工作获得了来自中央和地方的政策、法律法规、资源等多方面的大力支持，缉毒机关也在长期与毒品犯罪分子斗争过程中积累和总结出大量的成功经验。这些因素都极大地推动了毒品犯罪案件侦查方法的不断丰富与发展，进而使得缉毒机关在实践工作中不断取得骄人战果，打掉了境内外众多的毒品犯罪团伙和组织，缴获了大量的涉案毒品。然而，毒品犯罪案件侦查方法在设计运用过程中也暴露出许多缺陷和不足，如侦查思维方式单一、新型毒品犯罪案件侦查方法运行不畅、技术侦查使用存在失范等。为此，笔者着重从侦查方法的运行中存在的失范性、不顺畅、单一化三方面进行探讨，以期发现和解决问题。

第一节　毒品犯罪案件秘密侦查运用存在失范

一、特情、卧底应用存在随意性

毒品犯罪自身具有的特殊性与复杂性等特点使刑事特情、卧底侦查等措施方法在案件侦查中一直发挥着举足轻重的作用。目前，有关特情、卧底手段运行的主要法律依据是2018年《刑事诉讼法》第151条第1款之规定、2012年《公安机关办理刑事案件程序规定》第262~264条以及公安部1984年和2001年分别颁布的《刑事特情侦查工作细则》《刑事特情工作规定》，但这些法律条文及相关“宏观性的内部规定”❶并未对特情、卧底应用中的一些具体问题作出详细规定，使得该类措施方法运用中随意性问题依旧较为突出。

（一）刑事特情应用存在随意性

1. 特情招募、管理机制缺失

目前，我国缉毒实践中为缉毒人员提供情报信息的特情人员数量相当庞大，有关报道指出，在云贵等毒品犯罪的重灾区，平均1名缉毒人员至少拥有3名以上保持单线联系的特情人员，整个珠三角地区拥有的专职特情人员已经超过5000名，此外，还有很多兼职的特情人员。❷ 面对如此庞大且复杂的特情人员群体，毒品

---

❶ 公安部出台的《刑事特情侦查工作细则》《刑事特情工作规定》属部门规章，其中虽然对特情使用的内容作出相关规定，但仅规定了原则性和宏观性的问题，对于具体适用的细则性问题很少涉及。

❷ 中国网．线人生态的法治视野［ER/OL］．（2007－08－13）［2019－11－15］．http：//www.china.com.cn/news/txt/2007－08/13/content_8669698.htm.

犯罪案件侦查机关及其缉毒人员随时都会面临特情人员的招募与管理问题：如何种条件的特情人员可以被招募，哪些人员不能被招募，在特情人员管理过程中如何与之建立良好的信任关系，如何把握特情人员的心理动态防止其反水，如何保障特情人员的基本权利等都是缉毒人员需要面临的现实问题。一直以来，我国相关管理机制都存在明显缺失，特情的招募和管理较为混乱，存在将特情招募、管理的权利完全依赖毒品犯罪案件侦查机关及缉毒人员的主观臆断，这不仅会增加权力滥用和违法乱纪的风险，同时也会使部分特情人员因基本权利无法得到保障而最终离开特情队伍。如 2001 年兰州特情人员马某某与缉毒人员相互勾结栽赃陷害案；又如外来工阿洪（化名）从事缉毒特情工作 8 年，成果显著，但最终因收入甚微、基本权利无法得到保障而离开特情队伍，[1] 如上的诸多案例都从不同层面折射出了特情人员管理的混乱和制度的不完善。

2. 特情使用法律规制匮乏

如前所述，目前我国法律并未对特情使用程序的相关问题作出具体、明确的规定。2018 年《刑事诉讼法》规定了启动刑事特情工作的条件是“必要的时候，经公安机关负责人决定”，限制条件是“不得诱使他人犯罪或采用可能危害公共安全、发生重大人身危险的方法”。那么，如何判断“必要的时候”、刑事特情使用需经哪一级公安机关批准、特情人员取证行为具体包括什么、特情人员参与犯罪是否应当承担刑事责任等问题就成了缉毒人员开展这项工作所必需面临的现实问题。2012 年《公安机关办理刑事案件程序规定》相关条文中仅对刑事特情使用中批准机关的级别

[1] 中国青年网．外来工当深圳警方线人 8 年嫌报酬低跳槽富士康［ER/OL］．(2012－07－09)［2019－11－15］．http://d. youth. cn/shrgch/201207/t20120719_2278083. htm.

作出了相应规定；2008 年《大连会议纪要》“有关特情介入案件的处理问题”中的七款之规定一方面承认了特情介入的合法性，另一方面也对特情介入的条件、具体实施的手段以及特情引诱等问题作了规定，从该规定可以看出，对于正在实施的或准备实施的毒品犯罪，特情人员可以采用贴靠、接洽等手段进行案件侦破，该类“欺骗性”手段属合法性行为，不存在犯意引诱的问题。但是，2008 年《大连会议纪要》规定的“犯意引诱”情况下“被告人应当从轻处罚，无论毒品数量多少，均不应判处死刑”等条文虽然对特情人员引诱犯罪的行为本身进行了否定性评价，但从另一方面也肯定了该行为的合法性。无论是“犯意引诱”、“数量引诱”抑或“双套引诱”均与 2018 年《刑事诉讼法》规定的“不得诱使他人犯罪”的立法规定存在冲突。可见 2008 年《大连会议纪要》不仅没有对特情人员行为的“合法性标准”予以细化，反而为特情人员随意采用诱惑行为获取证据创造了条件，增加了理论界和实务界对特情介入案件定性量刑的困难。此外，我国现有的立法并未对特情人员参与犯罪的刑事责任问题作出规定，现实中，特情人员通过参与犯罪获取涉毒线索或涉毒证据的情况十分常见，而相关立法规定的阙如无疑会将特情人员是否参与犯罪的豁免权完全交由侦查机关自由裁量，从一定程度增加了权力滥用的风险。

（二）卧底侦查应用存在随意性

1. 启动条件主观色彩浓厚

一直以来，大陆法系国家对于卧底侦查启动的条件都持有非常谨慎的态度，一些国家将卧底侦查适用的案件范围界定为有组织犯罪或危害国家安全的犯罪，甚至有些国家还对重罪的范围进行了列举，如德国对于麻醉物品、武器非法交易以及伪造货币、有团伙成员或其他方式的有组织地实施的重大犯罪等才可启动卧底侦查。[1] 我国的卧底侦查程序的启动可根据 2018 年《刑事诉讼法》规定，毒品犯罪案件中卧底侦查的启动条件是“必要的时候，经公安机关负责人决定”。可见，我国对于卧底侦查也保持着同样谨慎的态度，但就法律条文而言，何为“必要的时候”，需要“经哪一级公安机关负责人批准”，法律及相关规范性文件中并没有作出明确规定，即便是 2012 年《公安机关办理刑事案件规定》中也仅对卧底侦查使用中批准机关的级别作了规定，并未有效解决卧底侦查程序中存在的其他问题。卧底侦查启动条件立法规定的阙如无疑赋予了毒品犯罪案件侦查机关及其缉毒人员极大的自我决定权，尤其是面对隐匿身份侦查中风险最大、危险程度最高的卧底侦查而言，这种缺乏法律约束力的权力更会让人产生担忧。此外，立法条文对批准机关规定的模糊性也从一定程度上加大了卧底侦查启动的随意性。

2. 实施程序立法规定阙如

2018 年《刑事诉讼法》中并没有关于卧底侦查实施程序的相关规定，只是对卧底侦查人员的行为进行了限制，即不得引诱他人犯罪、不得采用可能危害公共安全或发生重大危险的方法。那么卧底侦查过程中非法取证的证据效力如何界定、卧底人员参与犯罪是否会受到法律的制裁、卧底人员实施侦查中如何保障人身安全、如何对卧底人员的卧底行为进行监督等一系列问题在法律条款中均未作出明确规定，整个卧底侦查从决定—审批—执行—监督全部由毒品犯罪案件侦查机关及其缉毒人员自己完成，这种完全由侦查机关内部自律的科层制控制模式无疑会产生权力的滥用和对犯罪嫌疑人人权的侵犯。

---

[1] 李明．秘密侦查法律问题研究［M］．北京：中国政法大学出版社，2016：243.

二、控制下交付实施存在任意性

我国现行《刑事诉讼法》第153条第2款规定："对涉及给付毒品等违禁品或者财物的犯罪活动，公安机关根据侦查犯罪的需要，可以依照规定实施控制下交付。"我国采用控制下交付的启动主体是"公安机关"，启动条件是"根据侦查犯罪的需要"，实施依据是"依照规定"，适用案件范围是涉及"毒品等违禁品或者财物"的案件，当然在本书中特指"毒品"❶。显然，依据我国现有法律规定，控制下交付组织实施过程中尚存在启动条件客观标准缺失、组织实施法律依据匮乏、适用案件的范围太过宽泛等突出问题。

（一）启动条件客观标准缺失

现行《刑事诉讼法》规定，毒品犯罪案件侦查机关启动控制下交付的条件是有"需要"。何为"需要"，在哲学范畴中，"需要"是指人对物质生活条件和精神生活条件依赖关系的自觉反映；❷ 在社会学范畴中，"需要"是人生存的一种状态，它表现为人对客观事物的依赖关系；❸ 在心理学范畴中，"需要"有不同的几种代表性观点，如"需要"是个体在社会生活中缺乏某种东西在人脑中的反映❹、"需要"是人对一定客观事物需求的表现❺、

❶ 此处的"毒品"具体指毒品、毒品原植物、毒品原植物种子及幼苗、制毒物品。

❷ 马克思，恩格斯．马克思恩格斯全集（第2卷）［M］．北京：人民出版社，1957：164.

❸ 应星．社会学概论［M］．北京：中央广播电视大学出版社，2010：70.

❹ 社会心理学教程编写组．社会心理学教程［M］．兰州：兰州大学出版社，1986：210.

❺ 中央教育科学研究所教育心理研究室．心理学基础知识问答［M］．北京：教育科学出版社，1983：74.

“需要”是有机体的内部环境和外部生活条件的需求在人脑中的反映[1]等，概括而言，“需要”是主体对客观事物的依赖、需求及渴望。通过对“需要”一词的解读可以看出，毒品犯罪案件侦查机关启动控制下交付的主要依据是缉毒人员对毒品犯罪案件侦查情势的判断，是缉毒人员内心的需求和渴望，这种“需求”或“渴望”具有浓厚的主观色彩，缺乏详细的客观评判标准，如控制下交付的启动需经谁批准、经哪一级机关批准、批准的标准是什么等问题，在法律条文中并没有作出明确的规定。实践中，犯罪区域线长面广是毒品犯罪案件最显著的特征之一，而控制下交付基于自身的隐秘性、监控性、经营性等特点，往往被作为毒品犯罪案件侦查中最主要的策略手段，客观性评价标准的缺失会导致控制下交付的启动要么过于随意而浪费侦查资源，要么过于谨慎而错过了最佳战机，造成不可弥补的损失。

（二）组织实施法律依据匮乏

现行《刑事诉讼法》规定，毒品犯罪案件侦查机关实施控制下交付的依据是“依照规定”，但究竟依据哪条规定，并未在法律层面作出明确规定。通过考察现有与控制下交付有关的规范性文件（如《公安机关禁毒民警执行规范》《公安机关禁毒业务工作规范》等）及国际公约（如1988年《联合国禁止非法贩运麻醉药品和精神药物公约》等）可知，其中均对控制下交付实施中的审批程序、注意事项以及开展侦查协作的程序等作出了相关规定，对控制下交付的具体实施起到了较为明确的指引作用。但是，这些规定也同样存在如下问题：一是法律约束力匮乏，目前有关控制下交付组织实施的规范性文件大多属于各部门内部文件，严重缺

---

[1] 华东师大心理学系公共必修心理学教研室．心理学（修订版）[M]．上海：华东师范大学出版社，1984：219.

乏法律的约束力，尤其是2001年湖南省公安厅发布的《关于办理毒品犯罪案件有关问题的暂行规定》，虽对跨市、跨区、跨县实施控制下交付的审批程序作出了规定，但适用范围却极为有限；二是可识别性差，一直以来，控制下交付与诱惑侦查常常被理论界和实践部门所混淆，更有甚者，一些规范性文件中竟出现了“使用缉毒特情进行控制下交付”这样的规定，从概念上混淆了控制下交付与诱惑侦查的区别；三是操作难，现有的规范性文件仍缺乏详细的审批、执行与申请程序，缉毒人员在执行的过程中不知该怎么办，尤其是不同地区的缉毒人员在相互配合过程中仍存在协作壁垒，命令的上传下达和执行配合难度较大；四是跨国控制下交付的实施风险依旧突出，相关国际条约及国际合作中并未对其申请、审批和执行等作出较为详细的规定，加之各国的政策、法律体系存在明显差异，在实施控制下交付时难免会出现临时应战的局面，加大了控制下交付实施的风险。[1]

（三）适用案件范围太过宽泛

现行《刑事诉讼法》规定，“对涉及给付毒品等违禁品或者财物的犯罪活动，公安机关根据侦查犯罪的需要，可以依照规定实施控制下交付”，该规定中并未设置任何排除性条款对适宜实施控制下交付的毒品犯罪案件范围予以明确规制。现行法律法规条款的这种“缺失”，极易导致控制下交付的随意使用，从而提高控制下交付实施的风险性。现实中，不少人十分推崇控制下交付，更有甚者，将其称为毒品犯罪案件众多侦查措施方法中的“皇冠上的明珠，刀尖上的舞者”，从而在不区分毒品犯罪案件类型、犯罪区域、涉毒数量等情况下，只要认为有“需要”，就“轻率”决定

---

[1] 邓立军．程序与方法——毒品犯罪侦查之二维模式考察［M］．北京：中国社会科学出版社，2010：330.

采用控制下交付。国内法律法规规定的“宽泛性”和实践应用中的“随意性”无形加大了控制下交付在毒品犯罪案件侦查中应用的风险和成本，进而在一定程度上消解了控制下交付自身所具有的独特的应用价值。

毋庸置疑，控制下交付是毒品犯罪案件侦查中最主要的措施方法之一，但在实际应用上应该慎之又慎。其主要原因有二。一是具有可能的现实风险，联合国毒品和犯罪问题办公室发布的《打击有组织犯罪示范立法条文》明确指出“有种种不同的特殊侦查手段，每种侦查手段都具有不同程度的风险，都有可能引起不同的人权问题”，而作为主要特殊侦查手段的控制下交付所针对的是潜在的不特定人群，可能会对公共安全造成一定的威胁，甚至会对国家的司法主权等造成严重的侵犯。由此看出，控制下交付比其他任何侦查措施方法的风险都高，应当严格控制控制下交付的适用范围，这既是国际公约的要求，也是其他国家实施控制下交付的普遍章程，更是国际社会在打击毒品犯罪过程中总结出的优胜经验。二是具有可能的侦查资源浪费，侦查机关的任何一种执法行为都会对侦查资源造成一定的耗损，不存在不耗费侦查资源的执法行为。控制下交付的实施具有持续时间长、资源配置精良、精力耗费大等特点，堪称“昂贵的侦查措施方法”，这也是许多欠发达国家难以充分实施控制下交付这一举措打击毒品犯罪的一个重要原因。

国际上采用控制下交付应对毒品犯罪案件也并非像我国一样不加限制地针对一切毒品案件，而是会根据毒品犯罪案件的规模、复杂程度等决定是否采取控制下交付。1987 年，在维也纳召开的“麻醉品滥用和非法贩运问题”部长会议上通过的《管制麻醉品滥用今后活动的综合性多学科纲要》中规定：“人们广泛认为，控制下交付这一执法技术是查明和打击国际麻醉品贩运的重要组织者的一个有效手段。这一手段涉及在侦破一桩非法麻醉品的贩运后，在不断地秘密监视下让它继续运送，直至麻醉品到达贩运者期待的最终目的地。监视的目的是要从中发现和最后逮捕贩运集团的头目。”由此看出，毒品犯罪案件适用控制下交付并非不区别地适用一切毒品案件，而是适用于具备大宗贩毒集团或团伙性质的毒品犯罪案件。2002 年，联合国麻醉品委员会第 45 次会议第 45/4 号决议又再次声明：控制下交付用于查明药物贩运团伙的头目。2004 年，联合国麻醉品委员会第 47 次会议又做出控制下交付用于查明贩毒者头目的规定。综上看出，国际社会将控制下交付主要用于打击“大宗贩毒团伙或集团”类案件，而并非用于一切毒品犯罪案件。

三、技术侦查使用存在模糊性

根据现行《刑事诉讼法》第 151 ~ 153 条之规定，技术侦查适用的案件范围是“危害国家安全犯罪、恐怖活动犯罪、黑社会性质的组织犯罪、重大毒品犯罪或其他严重危害社会的犯罪案件，利用职权实施的严重侵犯公民人身权利的重大犯罪案件”；启动的条件是“根据侦查需要，经过严格批准手续”；种类手段是“根据侦查犯罪需要，确定采取技术侦查措施的种类”。那么，依照现有的法律规定，毒品犯罪案件侦查机关在运用技术侦查办理案件过程中尚存在启动条件指示功能不彰、使用手段法律规定不明确、适用案件范围尚不具体等较为突出的问题。

（一）启动条件指示功能不彰

现行《刑事诉讼法》规定，毒品犯罪案件中技术侦查的启动条件是“根据侦查的需要，经过严格的批准手续”。相较于控制下交付的启动条件而言，技术侦查的启动条件多了“经过严格的批准手续”9 个字，从法律条文来看，技术侦查的启动条件法律指示功能似乎更为明朗化和具体化，然而，仔细推敲文字表述后，就会发现“经过严格的批准手续”与“根据侦查的需要”犯了同样的逻辑错误，何为“需要”，其实质上是主观判断之标准；何为“严格的批准手续”，其依旧属于主观判断之标准，而将技术侦查启动的判断标准完全依附于毒品犯罪案件侦查机关及其缉毒人员的主观判断，在带来侦查破案效率提高的同时，也会带来侦查公正价值、秩序价值与效益价值之间的冲突与博弈。2012 年修订的《公安机关办理刑事案件程序规定》第 255 条和第 256 条对技术侦查审批和启动的主体进行了规定，其中，审批的主体是“设区的市一级以上公安机关负责人”，启动的主体是“设区的市一级以上的公安机关技术侦查部门”，对毒品犯罪案件中技术侦查的启动起到了明确的指引作用。然而，从该规定可以看出，技术侦查无论是申请、审查、审批均是由侦查机关独自完成，并未设置任何相关的法律监督机关对其予以监督，而这种仅依靠公安机关内部自律的科层制控制模式难免产生权力被滥用的隐忧。正如孟德斯鸠所言，“凡是有权力的人，几乎无不滥用权力，他们对权力的使用也是无限制的，一直到遇到界限时才会停止，若是没有界限，他们会一直使用下去”。[1]

（二）使用手段法律规定不明确

现行《刑事诉讼法》规定，毒品犯罪案件中技术侦查包括的具体种类和手段是“根据侦查犯罪的需要，确定采取技术侦查措施的种类”，具体包括哪些种类和手段，法律并未作出明确规定。对于技术侦查，我国侦查部门很早就已经使用，直至 1993 年《国家安全法》和 1995 年《人民警察法》的相继出台，才将涉及此类侦查措施的方法统称为“技术侦察”（“技术侦察”与“技术侦

---

[1] 孟德斯鸠．论法的精神（上）［M］．许明龙，译．北京：商务印书馆，2012：76.

查”在侦查实践中并无本质区别，应视为同一概念[1]），具体包括电子侦听、电话监听、电子监控、秘密拍照、秘密录像、邮件检查等秘密侦查的专门技术手段。[2] 2012年《公安机关办理刑事案件程序规定》第255条对技术侦查所涉手段的规定是“记录监控、行踪监控、通信监控、场所监控”，只是简单地对技术侦查的本质属性“强监控性”予以说明，并未规定任何具体的种类手段，而2016年“两高一部”颁布的《关于办理刑事案件收集提取和审查判断电子数据若干问题的规定》也只规定了进行计算机网络远程勘验时，可以采取技术侦查措施，但依旧未对技术侦查措施种类手段作出规定。在互联网信息技术飞速发展的今天，缉毒人员利用现代互联网及信息技术开展侦查所带来的权利扩张性、行为侵权性等特点使现代的技术侦查手段对公民生活早已产生“侵入式”干预，《国家安全法》和《人民警察法》的相关规定显然已经无法完全囊括当今技术侦查的所有手段，如缉毒人员利用公安大数据分析技术对涉毒嫌疑人员的活动轨迹、贩毒路线进行长期监控等在实践中早已频繁使用，从对公民自由及隐私权的干预度来讲，上述技术侦查手段并不亚于传统的电子侦听、电话监听等技术手段，而技术侦查相关立法规定的羸弱不禁让人对该类技术侦查手段滥用可能性产生担忧。

（三）适用案件范围尚不具体

现行《刑事诉讼法》中规定，毒品犯罪案件中技术侦查适用的案件范围是“重大毒品犯罪或其他严重危害社会的犯罪案件”。何为“重大”、何为“严重”，根据《现代汉语词典》的解释，

---

[1] 熊秋红．秘密侦查之法治化［J］．中外法学，2007（2）：141－160.

[2] 万毅．解读“技术侦查”与“乔装侦查”——以《刑事诉讼法修正案》为中心的规范分析［J］．现代法学，2012（11）：181－185.

“重大”是指事物的意义或程度，其含义为作用、意义等比较大而重要；“严重”是指事物的程度深、影响大。二者均属程度副词，属主观评判之标准，难以对技术侦查适用毒品犯罪案件的范围进行精准界定。援引公安部2012年《规定》第254条对何为“严重”的规定，通过比照该规定，我们可以将技术侦查适用的毒品犯罪案件范围总结为：一是集团性、系列性、跨区域性的重大毒品犯罪案件；二是利用电信、计算机网络、寄递渠道等实施的重大毒品犯罪案件，以及凭借计算机网络实施的重大毒品犯罪案件；三是其他严重危害社会的毒品犯罪案件，依法可能判处七年以上有期徒刑的。上述概括性总结对毒品犯罪案件侦查中技术侦查适用案件的范围可以起到明确的指引作用，但同时也存在自身的问题和不足，如2012年《公安机关办理刑事案件程序规定》第254条第5款所规定的“其他严重危害社会的毒品犯罪案件，依法可能被判处七年以上有期徒刑的”，就缺乏现实可操作性，在毒品犯罪案件中，技术侦查一般都是在前期侦查过程中予以实施的，旨在获取涉案信息、收集涉案证据，此时案情尚未明了，无论是涉案信息还是涉案人数、涉案毒品数量都仅在调查阶段，让缉毒人员此时就准确判断出涉案犯罪嫌疑人可能被判处七年以上有期徒刑并采用技术侦查是很难实现的。

第二节　毒品犯罪案件侦查方法运行存在不畅

一、缉毒主体认知模式固化

犯罪与侦查是相互对立的两个个体，同时也是相互依赖、相互制约、相互转换的两个个体。毒品犯罪案件侦查工作如若离开了对犯罪运行规律的分析挖掘，整个案件侦查工作将会变得错乱和无序。因此，毒品犯罪案件侦查方法设计过程中应重视对犯罪运行规律的分析挖掘，以保证整个缉毒行动的有序、高效。目前，我国对毒品犯罪运行规律的认识大致停留在犯罪主观愿望的利益需求化、犯罪组织结构的中央集权式、犯罪行为模式的诡秘难辨等方面。上述观点固然准确，但却过于表浅化，仅停留在对毒品犯罪规律特点的表层分析中，尚不足以充分揭示出整个毒品犯罪现象的本质规律特征。

（一）对犯罪心理认知模式固化

犯罪心理，是指与犯罪行为的发生、发展以及完成有关的所有心理活动和相关因素的总称。[1] 在毒品犯罪活动中，毒品犯罪分子所有有目的的、有计划的犯罪行为都是受其心理活动、心理特征所支配的。因此，对毒品犯罪规律特征的分析挖掘离不开对犯罪主体“人”的心理活动的分析，这也是毒品犯罪案件侦查方法设计的前提和基础。目前，理论界和实践界普遍认为利益追求是毒品犯罪分子心理形成的主要原因。然而，现实中的毒品犯罪分子心理成因却极为复杂，侦查方法设计中若仅以逐利性作为主要考虑因素，难免会使整个侦查方法的设计失之偏颇。从犯罪心理形成机制考察，毒品犯罪心理的生成包括人格缺陷的生成（如毒品犯罪分子先天的生理因素，后天受家庭环境、文化教育、社会阶层以及毒品亚文化等因素的影响）以及犯罪意识的生成（如毒品犯罪动机、犯罪目的、犯罪决意的生成等），如此种种均是毒品犯罪案件侦查方法设计中必须考虑的因素。因此，在毒品犯罪案件侦查方法设计中，应综合考虑上述因素，尤其应注重分析挖掘影响毒品犯罪分子心理转化的因素，从而构建出毒品犯罪心理的

---

[1] 梅传强．犯罪心理生成机制研究［D］．重庆：西南政法大学，2004：3.

良性转换机制，将敌为我用的谋略思想成功运用到毒品犯罪案件侦查过程中。

（二）对犯罪组织结构认知模式固化

犯罪组织结构，是指犯罪集团或团伙成员之间的排列顺序、聚散状态、空间位置、联系方式等诸要素之间相互作用关系的一种模式，是用以描述整个犯罪集团或团伙运行的系统性“框架”。毒品犯罪集团或团伙的组织结构常常呈现出层级架构的复杂性、运行方式的松散型、彼此联系的单向性等特点。在毒品犯罪案件侦查方法设计中，应充分考虑上述结构特征，充分挖掘出有利于案件侦查的“信息集”。长期以来，我国毒品犯罪案件侦查机关一直将犯罪集团或团伙的内部组织结构界定为垂直集权式的“科层制组织结构”，在侦查方法设计运用中将打击的重点集中在对已掌握涉毒人员上线和下线的分析挖掘中，一旦掌握了与其联络的上线（犯罪集团或团伙的首脑人物）及下线人员，便会立刻组织收网行动、实施抓捕。然而，在社会网络分析视域下，毒品犯罪组织结构，尤其是跨国毒品犯罪组织结构并不是我们所认为的简单的“科层制”的组织结构，而实践中对毒品犯罪组织结构片面的、固化的认知不仅不利于毒品犯罪案件侦查方法的设计运用，还会导致对整个犯罪网络的打击时常出现“你方唱罢我登场”的尴尬局面。

（三）对犯罪行为认知模式固化

犯罪行为模式，是指犯罪人在实施犯罪过程中表现出来的某种较为稳定的、习惯化的特征。在毒品犯罪案件中，作案工具的高科技化、运输渠道的多样化、犯罪手段的诡秘化、作案时间的即时性等均是毒品犯罪中犯罪分子显著的行为特征，也是毒品犯罪案件侦查方法设计中必须充分予以考虑的因素。长期以来，毒品犯罪案件侦查方法设计中对毒品犯罪分子行为模式的分析大多停留在对具体犯罪行为的提炼与总结上，如在网络涉毒案件中，将犯罪的行为模式归纳为网络贩卖型、网络传播型、网络策划指挥型、网络支付型、网络聚众型等5种行为模式，缺乏对毒品犯罪行为成因的系统性分析。从行为科学视角考察，毒品犯罪行为的产生是犯罪主体内因与外因综合作用的结果，内因主要体现在毒品犯罪分子自身的成长环境、文化背景、利益诉求、犯罪意志、行为控制力等方面，是犯罪行为产生的主要原因；外因主要体现在毒品亚文化的影响、其他犯罪成员的引诱与说服、大毒贩的“样本效应”、现实贫富差距等方面，是毒品犯罪行为产生的次要原因。因此，在毒品犯罪行为模式分析挖掘中，应综合考虑引起毒品犯罪的内因和外因，从犯罪动机、犯罪目的等方面对犯罪行为模式进行深挖细剖，充分彰显毒品犯罪案件侦查方法设计的针对性、目的性。

二、新型毒品犯罪侦查方法运行不畅

20世纪90年代以后，诸如冰毒、摇头丸、K粉、LSD等新型毒品迅速由我国东南沿海地区向内陆地区渗入，与时尚、流行的娱乐文化相互纠缠；进入21世纪，毒品犯罪分子开始将犯罪的目光转移到新精神活性物质之中，并利用列管的漏洞迅速将其蔓延至我国乃至世界各地。与传统毒品相比，新型毒品使得毒品的生产最大限度地摆脱了对毒品农业的依赖，毒品犯罪活动也由最初的“种植—产销—消费—非法获利”四个环节简化为“产销—消费—非法获利”三个环节，毒品的制造工艺、犯罪组织形式、犯罪手段、消费环境、消费方式甚至消费群体等也随之发生了很大的改变，案件的侦查方法也逐渐面临新的挑战。在此种情形下，毒品犯罪案件侦查机关只有因情施策，紧贴毒情变化，克服“速战论”思想，才能不辱使命，为人民安居乐业作出自己应有的贡献。目前，我国新型毒品犯罪案件侦查过程中主要存在新型毒品认定难、列管难、“取样—送检”程序衔接不畅等突出问题，造成毒品犯罪案件侦查方法实践运行的不畅。

（一）新型毒品认定难

1997 年《刑法》将毒品界定为“鸦片、海洛因、甲基苯丙胺（冰毒）、吗啡、大麻、可卡因以及国家规定管制的其他能够使人形成瘾癖的麻醉药品和精神药品”。据此，理论界和实践界通常将新型毒品界定为“通过人工合成的化学品类能够使人形成瘾癖的麻醉药品或精神药品”，该类药品被人体吸食以后会出现极度兴奋、幻觉或抑郁等精神病症状，导致行为失控甚至造成违法犯罪，长期摄入会使吸食、注射者的中枢神经受损，产生精神异常，对人体伤害极大。但细扣新型毒品的定义，就能发现，该定义仅指出了麻醉药品或精神药品系新型毒品概念的属概念，并未十分清晰地将新型毒品的概念与麻醉药品或精神药品区分，概念的指示功能不明。究竟应当如何准确界定新型毒品，是否所有被列管的人工合成的精神药品或麻醉药品均归属于新型毒品，这个问题将直接决定毒品犯罪案件侦查方法设计运用的前提和方向。如在轰动全国的“高校化学副教授涉嫌制毒案”中，毒品犯罪案件侦查机关简单地将这位中国版的“绝命毒师”参与制造的被列管之新精神活性物质认定为毒品，并对参与全案的犯罪嫌疑人员分别以走私、贩卖、运输、制造毒品等罪名移送审查起诉。[1] 在该案审理过程中，辩护律师充分援引《麻醉药品和精神药品管理条例》以及 2015 年《武汉会议纪要》中相关规定，提出“麻醉药品

---

[1] 观察者．武汉——“新型毒品”案引争议：列管一类精神药品是否等于毒品［ER/OL］．（2018－04－19）［2019－11－20］．https：//www.guancha.cn/society/2018_04_19_454207_s.shtml.

或精神药品是否属于毒品应依据情况而定，无论是通过合法渠道抑或非法渠道，当其用于治疗患者病情时，应属药品；当其用于向走私、贩卖或向不特定吸食者、注射者提供时应属毒品”。上述争议使该类案件性质（此罪与彼罪）的界定问题一直饱受质疑，增加了司法实践中对新型毒品的认定难度。此外，毒品犯罪案件侦查机关不仅要加大对新型毒品犯罪案件的打击，同时也要提高证据收集意识，充分证明犯罪嫌疑人实施犯罪的主观目的以及具体的行为操作模式。相较于传统毒品，新型毒品最大的特点就在于衍变快、裂变快、合成快、隐蔽性强，毒品犯罪分子往往只需要几周的时间就可以生产出一种新型的毒品并迅速以“合法外衣”的形式流入毒品消费市场，使缉毒人员难以识别、难以发现，给案件的侦查工作带来极大的困难。

（二）新型毒品列管难

20 世纪 90 年代以来，新型毒品以其多变性、新颖性、刺激性等特点迅速占领了我国毒品市场，并反超传统毒品，成为毒品犯罪市场上最炙手可热的“消费品”。进入 21 世纪，毒品犯罪分子又将目光转移至新精神活性物质之中，如近年来市场上出现的“彩虹烟”“笑气”“奶茶”“恰特草”“跳跳糖”“紫水”“开心果”“小树枝”“哇卡潮”（又名“神仙水”）等新精神活性物质迅速在我国乃至世界各地的 KTV、酒吧等娱乐场所蔓延，成为青少年中最时尚、最流行的“消费品”。面对如此迅速且复杂的发展态势，2005 年，我国出台了《麻醉药品和精神药品管理条例》，对市场上能使人形成瘾癖的麻醉药品和精神药品进行列管；2007 年，国家食品药品监督管理局、公安部以及卫生部依据《麻醉药品和精神药品管理条例》第 3 条之规定，列出 123 种被管制的能使人形成瘾癖的麻醉药品、132 种被管制的能使人形成瘾癖的精神药品；2015 年，公安部、国家卫生计生委等相关部门联合印发了《非药用类麻醉药品和精神药品列管办法》，一次性增列了116种新精神活性物质；2017年，公安部、国家卫生计生委等相关部门又将芬太尼类物质列入《非药用类麻醉药品和精神药品管制品种增补目录》，实现了对芬太尼类物质的整列列管，截至此时，我国被列管的新精神活性物质已经增至134种。[1] 随着4-氯乙卡西酮等物质的进一步列管，目前我国被列管的新精神活性物质已达188种。即便是国内一直在不断地更新目录，但是新精神活性物质基于合成快、裂变快、衍生种类多以及隐蔽性强等特点，毒品犯罪分子只需要对其化学结构进行简单的修饰，几周之内便会产生新的物质，对新型毒品的及时列管造成很大的困难。

（三）“取样—送检”程序衔接不畅

通常而言，毒品犯罪案件侦查中，涉案毒品的提取、扣押、称量、取样以及送检等工作均是由缉毒人员自行完成的，虽然在2016年“两高一部”颁布的关于《毒品提取、扣押、称量、取样和送检程序若干问题的规定》第四章第二十一条中对毒品称量取样的方法作出明确规定，指出“毒品犯罪案件的称量工作应当由两名以上缉毒人员在查获毒品的现场或侦查机关的办案场所完成。必要时，可以指派或聘请具有专门知识的人进行取样”。但是，目前毒品犯罪案件侦查机关并未与检验鉴定机构之间构建起相应的程序衔接机制，实践中，无论是苯丙胺类合成类毒品，还是作为新精神活性物质的“第三代毒品”的取样送检工作均是由缉毒人员自己完成的。不同于传统毒品，新型毒品尤其是新精神活性物质的检验要求较高或极高，对送检物质的数量、取证的方式等均

---

[1] 南京市网上公安局建邺分局．我国对卡芬太尼等四种芬太尼类物质进行列管［EB/OL］．（2017-03-01）［2019-12-11］．http：//www.njga.gov.cn/www/njga/wsjws/wsgaj/11gafj/article.jsp?code=320105000000&bcode=fzxc&aid=1523615339.

有不同的要求，缉毒人员不专业、不规范的取证方式很可能导致检验工作无法顺利开展，延误整个案件侦查工作的进展。此外，“取样—送检”程序衔接机制的不畅也使部分缉毒人员在未与相关鉴定机构取得充分沟通交流的情况下，“委托鉴定书”填写不规范，甚至出现非办案民警送样的情况，[1] 进而使整个毒品犯罪案件的侦查方法无法顺利开展。

三、国际侦查合作运行不畅

从历年中国禁毒报告可以看出，境外毒品对我国的渗透不断加剧，目前已呈现出“金三角”“金新月”、南美和北美四大毒源对我国的“多头入境、全线渗透”的复杂态势，仅2018年，我国缴获境外的毒品数量就占我国缴获毒品总量的55%，并呈现出一定的加剧之势。[2] 此外，我国跨境制贩毒问题依旧凸显，呈现出“海陆空邮网”全方位、立体化的贩毒渠道，尤其是近年来破获的海上走私贩运毒品案件，有些案件的运毒量甚至高达1000千克以上。面对如此严重和复杂的态势，我国毒品犯罪案件侦查机关更加注重国际合作式侦查方法的应用，但受各国不同的刑事法律制度、文化教育、宗教习俗等因素的影响，目前国际侦查合作方法的运行依然存在情报共享机制不畅、跨国取证问题突出、警力指挥调度机制匮乏等问题。

（一）案件情报信息共享不畅

跨国毒品犯罪案件作案手段的诡秘化、犯罪渠道的立体化、涉案数量的大宗化、犯罪形式的集团化和跨区域化等特点均决定

---

[1] 张涛，李云鹏．新型毒品检验评述［J］．云南警官学院学报，2010（3）：125－128．

[2] 公安部禁毒局．2018年中国毒品形势报告［R/OL］．（2019－06－17）［2019－11－17］．http：//www. nncc626. com/2019－06/17/c_1210161797. htm.

了情报信息获取在案件侦破中的重要性，毒品犯罪案件侦查机关只有掌握了充足的情报信息才能掌握案件侦查的主动权。然而，无论是公安内网的禁毒信息综合应用系统、SIS系统、DIAS系统等公安应用系统，还是互联网平台资源的布谷鸟、CELLMAP、LBS基站查询软件等外网核查工具都有自身的地域局限性，一旦超出地域之外则难以为缉毒人员所用。这就需要涉案国家之间通过良好的信息情报共享机制来最大限度地获取案件信息，具体包括发案情报信息、跨境涉毒犯罪分子相关信息资料、案件线索情报信息、涉案在逃人员情报信息等。但是，在跨国毒品犯罪案件侦查工作的具体开展中，各国基于政治体制、刑事法律制度、文化制度以及国家安全、地区间利益、两国之间是否存在相关国际协议等诸方面因素的考虑，国家间并没有广泛地建立起侦查合作信息网络平台，无法完全实现国家间信息情报的无障碍共享。如我国与马来西亚、文莱等国之间至今仍未签订双边警务合作的法律文件，致使在跨国毒品犯罪案件侦查中仅能依靠国际刑警组织进行情报交流与传递工作，由于缺乏灵活高效的情报信息共享，最终导致一些跨国毒品犯罪案件的侦查工作无法顺利开展。

（二）跨国取证、缉捕问题突出

跨国取证、缉拿涉毒犯罪嫌疑人是跨国毒品犯罪案件开展国际警务合作的重要内容，该项工作开展的顺利与否直接决定着案件最终的侦破效果。在跨国取证方面，受国家主权因素以及警务合作机制的影响，我国主要通过委托他国帮助收集证据的方式获得涉案证据，由于很少直接去他国开展调查取证或相关证据审核工作，整个调查取证环节相当烦琐且效率较低，取证质量不高，有时甚至无法获得完整的证据链，严重影响案件进展；❶ 此外，随

❶ 卢曦，揭萍，刘肖辉．打击跨国毒品犯罪警务合作机制之完善［J］．广西警察学院学报，2017（3）：92－96.

着新型毒品跨国犯罪问题的不断凸显，各国对于新型毒品的种类、范围的规定均有不同，相关定罪量刑的标准问题也不甚明了，这都给跨国取证工作的顺利开展带来了新的冲击。在跨国缉捕方面，我国毒品犯罪案件的侦查任务就是查明涉毒事实、斩断涉毒网络、收集涉毒证据、抓获涉毒犯罪嫌疑人。因此，只有最终抓获了涉毒犯罪嫌疑人，并对其进行讯问、核实相关证据后，才能最终具备侦查终结的条件。目前，我国主要通过向被请求国发出缉捕请求的方式缉拿在逃犯罪嫌疑人，但受国家主权、法律制度、两国之间是否存在引渡条约或刑事司法协助条约以及是否同为国际刑警组织成员等相关因素的影响，在我国与境外一些国家之间尚未形成有关国外追逃合作机制的前提下，一些藏身于境外的跨国毒品犯罪分子将很难被抓获归案。

（三）警力指挥调度机制匮乏

在跨国毒品犯罪案件侦查中，警力指挥调度主要是指将隶属于不同主权国家的警力资源通过相互整合，将原本各自为战的运行状态转变为有组织、统一化合成作战模式，以实现警力联动、统一调度的目的。目前，我国与东盟各国、“金新月”周边国家、俄罗斯以及美国等国家之间并未形成统一的警力联动指挥调度机制，仅能通过国际刑事警务合作的条约或公约、各成员国的区域性盟约、两国签署的双边条约或协议等开展个案的联动，以个案联动作为合作契机，探索两国之间或同盟国之间的警力联动指挥调度机制。如在2012年侦破的震惊中外的湄公河惨案（“10·5”案）中，案件发生在我国船舶上，我国基于属地管辖原则享有案件当然的管辖权，在具体案件侦破中，通过与案件所涉国家之间的不断协商，最终与泰国、老挝、缅甸各国警方通过联合行动，破获此案。虽然该类案件的侦破对国际警力指挥调度机制的构建提供了宝贵经验，但仍然停留在对个别案件的侦查过程中，尚未形成具有普适性的国际警力联动指挥调度机制，使得整个跨国毒品犯罪案件侦查开展较为艰难。

第三节　毒品犯罪案件侦查方法设计运用相对单一

一、侦查目的单一化偏移

在毒品犯罪案件侦查方法设计运用过程中，侦查目的是侦查方法设计运用的前提，属侦查方法系统的最高层次，直接决定着侦查方法的实际开展。在我国，受纠问式诉讼结构影响，毒品犯罪案件侦查中践行犯罪惩罚型目的观，一直将打击毒品犯罪作为侦查之目的，以“查明涉毒案情、收集涉毒证据、抓获毒品犯罪嫌疑人”作为毒品犯罪案件侦查方法设计运用的应有之义。然而，毒品犯罪案件侦查方法的设计运用不能仅考虑侦查程序自身目的功能的实现，使侦查方法的设计运用仅局限在侦查程序系统考察之内，将打击犯罪作为侦查效果的唯一衡量标准，并因此轻视侦查秩序价值和正义价值的实现。纵观我国改革开放以来的毒品犯罪案件侦查方法，一直以案件的侦破率、抓获的涉毒嫌疑人、捣毁的涉毒网络（具体打击了几个犯罪网络层级）、收缴的毒品数量等作为案件侦查的主要目的。如 2001 年被国家授予“缉毒先锋站”的云南木康边境检查站，自 1978 年组建以来，查缉走私、运毒等违法犯罪案件无数。毋庸置疑，以打击犯罪为主的侦查目的观在提高侦查破案率、打击与震慑犯罪分子方面发挥着重要作用，但其也在一定程度上催生了重大案轻小案、重实体轻程序、重打击轻保护的侦查理念，甚至个别缉毒人员为了追求侦查破案率、抓获犯罪嫌疑人、缴获涉案毒品而违规执法。如为了获取涉毒线索允诺为特情人员提供毒品，为了提高缴获毒品数量而在毒品中掺杂、掺假等。侦查的目的是侦查活动自身想要实现的功效与作用，仅以打击犯罪为目的的侦查目的观过多注重侦查程序自身目的功能的实现，虽然在具体案件侦办过程中或短时间内可以看到明显的效果，但从整个诉讼程序所欲实现的价值来看，侦查目的的单向偏移难免会造成侦查价值的失衡，即一味地追求侦查的效率价值而轻视侦查秩序价值与正义价值。

二、侦查思维方式相对单一

思维方式，是指人们看待事物、思考问题时的角度、方式和方法，它对人们的言行起着决定性的作用。在毒品犯罪案件侦查中，缉毒人员的侦查思维方式通常以侦查方案的形式呈现，并通过具体的侦查行为得以实现。可以说，缉毒人员的侦查思维方式对毒品犯罪案件侦查方法的设计运用起着决定性作用。目前，毒品犯罪案件侦查方法设计运用中大多偏重对毒品犯罪现象、缉毒经验的归纳与总结以及对现代信息技术的依赖，甚少从系统性、动态性的视角出发，对整个案件侦查工作进行全局性考量与创新，这种单一化的侦查思维方式就使得整个侦查方法设计运用呈现出系统性侦查思维缺失、信息化侦查思维固化的现实样态，在一定程度上阻碍了毒品犯罪案件侦查工作的顺利开展。

（一）系统性侦查思维缺失

相较于一般的刑事犯罪，毒品犯罪是成因极其复杂的刑事犯罪，不仅受毒源地政治、经济、文化、立法等多方面因素的影响，而且还受毒品价格、替代品价格、毒品供应商成本与收益等因素的微妙影响，[1] 尤其在苯丙胺类、新精神活性物质等新型毒品日益

---

[1] 李莉，李倩．毒品犯罪侦查的系统论分析［J］．人民论坛，2010（23）：124－126.

流行的今天，毒品亚文化与时尚、流行的娱乐文化纠缠在一起，形成了一种新型的毒品犯罪模式，又再次给毒品犯罪案件侦查工作带来了新的挑战。[1] 纵观我国改革开放以来的毒品犯罪案件侦查方法，在侦查方法设计运用中普遍存在片面性、孤立性的思想，偏重于对现象、经验的总结归纳，缺乏对毒品犯罪组织结构及形成机理的考察、对侦查资源的优化配置，致使我国毒品犯罪案件的侦查方法表面上看可以取得良好的效果，实践中却无法令人满意，如在打击跨国毒品走私、贩运类案件中，我国缉毒人员在掌握犯罪手段信息化、涉毒种类多样化等特点的基础上，深入开展国际警务合作、坚持积极经营、灵活运用各类侦查措施方法，实现从源头上对跨国、贩运类案件的有效打击。然而，对毒品犯罪组织深层规律挖掘的不足、对新型涉网犯罪形成机理研究的欠缺以及缉毒执法人员综合能力的不足、经费保障欠缺、考核机制不合理等诸多因素却从一定程度上阻碍了侦查实际效果的取得，使侦查方法设计与实施环节产生了裂隙；又如，缉毒部门历次开展的以打促防的运动式治理虽然在短时间内遏制了全国部分重点地区毒品犯罪高发的严重态势，但并没有从根本上扭转局面，还暴露了相关制度的粗陋与缺失。[2] 鉴于此，缉毒人员在侦查方案设计运用中应注重将系统性思维方式融入其中，改变固有的思维方式，综合运用经济学、行为科学、法律制度等相关原理，以“侦查主体系统论”“侦查客体系统论”“侦查行为系统论”三个维度为着力点，最终构筑出一个完整的、动态的、科学的侦查思维

[1] 夏国美，杨秀石，等．社会学视野下的新型毒品［M］．上海：上海社会科学院出版社，2017：11.

[2] 揭萍，王利荣．毒品治理模式：运动式应服务于制度化——基于“全国百城禁毒会战”实效评估［J］．中国人民公安大学学报（社会科学版），2016，32（3）：1－7.

方法体系。[1]

（二）信息化侦查思维固化

侦查思维是侦查主体认识和揭露犯罪过程的角度、方式和方法，是犯罪行为通过侦查活动在头脑中的反映，并最终通过具体的侦查行为表现出来。[2] 21 世纪以来，随着信息技术在毒品犯罪案件侦查领域的不断渗透，缉毒手段的科技化、智能化程度不断提高，案件的侦破效率也得到了很大程度的提升。然而，在信息技术与毒品犯罪案件侦查领域不断深度融合的同时，传统的以“人”为核心的侦查思维方式也逐渐被各种智能化的禁毒警务信息工作平台、犯罪分析工具所替代，整个案件侦查工作从涉毒线索获取到案件侦破全过程都呈现出对信息技术的高度依赖，缉毒人员开始习惯于遵从“机器或技术”所固有的程式或公式，即偏重甚至仅以“信息化侦查思维”办理案件，传统的以“人”为核心的办案思维便在此过程中一步一步地被挤压、被排挤。毋庸置疑，信息化技术手段短时间内所爆发出的惊人效率确实令人叹为观止，但是，毒品犯罪案件侦查活动是以人为本的侦查活动，“人”的侦查思维所固有的灵活性、多样性、即时性等特点是“机器或技术”无法替代的。在我国古代，无论是《封诊式》中关于审讯策略、现场勘查方法的记载，还是《疑狱集》中关于文书检验方法的记载等，[3] 都无不体现出“人”的侦查思维在案件侦破中的作用。在信息化飞速发展的今天，我们所需要的并不是以机械化的、程式化的“信息化侦查思维”去替代或消解“人”的思维的灵活性、互动性以及主观能动性，而更应当探寻的是如何在冰冷的机器语

---

[1] 陈光中．刑事侦查学［M］．北京：中国民主法制出版社，2005：37.

[2] 马忠红．侦查学基础理论［M］．北京：中国人民公安大学出版社，2003：2－55.

[3] 任惠华．中国古代侦查小史［M］．北京：中国长安出版社，2015：10－56.

言发挥效用的同时，更多地体现出“人”的侦查思维，打破固化的“信息化侦查思维”模式，构建出灵活的、多样的、智能的、高效的、科学的侦查思维体系。

三、侦查策略手段相对单一

在毒品犯罪案件侦查中，诸如特情使用、卧底侦查、控制下交付、公开查缉等传统型侦查策略手段一直发挥着极为重要的作用。进入20世纪90年代，尤其是1994年我国正式接入互联网后，网络技术开始广泛而深刻地影响着人们生活的各个方面，侦查领域也不例外。随着1994年底“全国犯罪信息中心”正式建成并开始运行，一批较为先进的侦查设备开始投入使用，毒品犯罪案件侦查中逐渐开始融入更便利的信息化技术手段，实现了多地区、多警种之间的信息互通，实现了多部门、多机构之间的信息互融，实现了侦查模式由“人海战”向“科技战”的转变。[1] 进入21世纪，全球信息化发展的内涵、环境、条件正发生着深刻的变化，信息化逐渐进入全面渗透、数据跨界融合的新阶段，尤其在全球化大数据兴起的今天，大数据已然被提升至国家宏观发展战略的高度，如美国的“大数据研究和发展计划”[2]、日本的“智慧日本ICT战略”[3]、英国的“2015—2018年数字经济战略”以及德国的“数字议程（2014—2017）”[4]，无不彰显大数据的国家战略高度。2015年可谓是我国的大数据发展元年，伴随着《促进大数据发展行动

---

[1] 岑生挺．全国犯罪信息中心年底前开始运行［J］．人民公安，1994（11）：1.

[2] 李国杰，程学旗．大数据研究：未来科技及经济社会发展的重大战略领域——大数据的研究现状和科学思考［J］．中国科学院院刊，2012，27（6）：647－657.

[3] 魏红江，李彬，祝慧琳．制定我国大数据战略与开放数据战略：日本的经验与启示［J］．东北亚学刊，2016（60）：32－39.

[4] 张影强，张大璐，梁鹏．发达国家推进大数据战略的经验与启示［C］//国际经济分析与展望（2017—2018）：中国国际经济交流中心专题资料汇编，2018－04.

纲要》的出台以及十八届中央委员会第五次全体会议的召开，大数据作为我国宏观发展战略开始在各行业广泛应用。[1] 2018 年以来，公安部原部长赵克志也在历年全国公安厅局长会议上多次强调要实施公安大数据战略，积极、深入推进公安大数据智能化建设和应用。由此可见，主动“拥抱”大数据、寻求人工智能技术性辅助、研发应用各种公安实战智能系统将成为新时期培育公安战斗力的核心增长点。信息化侦查手段以其科技性、高效性、便捷性等特点在毒品犯罪案件侦查中发挥着越来越重要的作用，然而，信息化侦查手段如同一把“双刃剑”，在给侦查带来诸多效益的同时，也不可避免地产生了一定的负面效应，使原本丰富多彩的侦查手段逐步趋同，呈现出虚拟化、符号化的发展趋势，更使原本灵活多变的侦查手段过度依赖“冰冷的”信息技术，呈现出“机械化”“公式化”的发展趋势，传统型侦查手段也在此过程中逐渐被弱化。

（一）虚拟化、符号化的单一化发展

从历史发展纵向维度考察，非技术化时代的毒品犯罪案件侦查更多依赖刑事特情、卧底侦查、阵地控制、摸底排队等传统型侦查手段。随着信息技术的飞速发展，信息化手段开始更多地融入毒品犯罪案件侦查过程中，整个案件的侦查活动更多地呈现出一种“网络”作战的模式，而这种“网络”作战模式最显著的特征就是将原本“有血有肉”的侦查手段转换为虚拟的信息要素，使整个毒品犯罪案件侦查活动从传统的物理空间延伸至虚拟网络空间，甚至演变成一种主要存在于虚拟空间的纯粹技术活动。[2] 在这种发展模式下，整个案件侦查过程开始呈现一种所谓的“拟像

---

[1] 王燃．大数据侦查［M］．北京：清华大学出版社，2017：1.

[2] 欧三任．论信息化对侦查的异化［J］．四川警察学院学报，2011（6）：57－63.

化”的运作模式，以“数字化符号拟制”的形式将涉毒案件信息通过各种禁毒情报警务管理平台进行传送、阅读，而随着大数据、人工智能技术以及区块链应用技术的不断成熟，这种运作模式将会向着更加常态化的方向发展。从历史发展的横向维度考察，随着信息化技术手段的不断发展以及与刑事侦查领域的不断深度融合，一些充斥着“人力”的传统型的毒品犯罪案件侦查手段逐渐被信息化的浪潮所掩盖，原本“百花齐放、百家争鸣”的侦查手段在人们急功近利的思想和对信息化的迷思❶的共同作用下逐渐走向趋同和单一。需要说明的是，这种“拟像化”的运作模式更多地借助机器语言来对案情进行的解读，其永远无法超越与“人力”手段同时并行下缉毒人员对案情的精准把握程度。

（二）机械化、公式化的单一化发展

在信息化时代，毒品犯罪案件侦查手段呈现出的是一种“拟像化”的运行模式。这种运行模式以其科技性、高效性、便捷性等特点给毒品犯罪案件侦查工作带来诸多效益的同时，也使侦查手段呈现出机械化、公式化的发展趋势。在具体案件侦查中，缉毒人员主要通过信息化技术手段分析研判案件信息，尤其是在大数据驱动侦查的模式下，整个案件的侦查过程集中呈现出通过海量信息数据（包括结构化和非结构化的数据）收集获取涉毒信息，构建涉毒嫌疑人、车、机、网、卡五方面的全息档案；利用大数据分析技术排查涉毒嫌疑，分析研判嫌疑人活动轨迹、同轨人员以及密切联系人，并持续关注；通过技术侦查监控涉毒人员通话、QQ、微信、MSN聊天记录以及实施网络信息侦控等；利用涉毒嫌疑人手机号码，配合手机制造商IMEI资料库、电信部门客户资料以

---

❶ 文森特·莫斯可．数字化崇拜——迷思、权力与赛博空间［M］．黄典林，译．北京：北京大学出版社，2010：20.

及基地台资料库等相关材料，分析判断犯罪嫌疑人身份、经常联系人、同伙成员、使用手机型号、居住地及活动轨迹等[1]现实样态，如上信息化技术手段尽管在毒品犯罪案件侦查中发挥了极大的效用，但整个案件的侦查手段大多依赖信息技术预先设计好的固定程式进行，缉毒人员则逐渐异化为系统程序的机械操作者，传统型侦查手段被逐渐弱化。

---

[1] 马忠红．手机信息的侦查方法研究［J］．新疆警官高等专科学校学报，2009(40)：3－7.

第五章

>>> 域外毒品犯罪案件侦查方法比较

一直以来，毒品犯罪都是世界各国重点关注和打击的对象。毒品犯罪之所以会引起国际社会的高度重视，不仅因为毒品犯罪会诱发盗窃、抢劫、强奸以及艾滋病传播等社会不稳定因素，更严重的是，毒品犯罪行为经常与国际恐怖活动、洗钱、有组织犯罪等跨国犯罪行为紧密联系在一起，成为“非传统安全领域”的新型威胁，更是对人类社会造成了极为严峻的危害。[1] 为此，世界各国政府以及缉毒部门相继采用各种侦查方法来预防和打击毒品犯罪。然而，受政治、经济、文化以及法律体制、毒情形势等因素的影响，各国的毒品犯罪案件侦查方法各有不同，本章通过对不同国家的毒品犯罪案件侦查方法的考察，为我国毒品犯罪案件侦查方法的丰富和完善提供有益借鉴。

第一节　美国毒品犯罪案件侦查方法概况

一、美国毒品犯罪形势

毒品在美国的使用始于 19 世纪，受当时医疗水平的限制，鸦

[1] 高颖. 全球毒品走私犯罪活动综述 [J]. 国际资料信息，2003 (11)：30 - 37.

片、吗啡、海洛因、大麻等麻醉药品被视为“合法药物”，大量用于医学领域以减轻患者的痛苦。随着该类毒品的广泛使用，毒品成瘾人数迅速增加，并扩展至美国下层社会的城市青年之中。[1] 与此同时，毒品成瘾问题也开始与犯罪联系在一起，由最初与健康有关的问题转变为十分尖锐的社会问题。目前，美国已经成为世界上吸食毒品最严重的国家，每年全世界生产的毒品有 60% 以上流向美国消费市场。据美国联邦政府统计，近年来，全美至少吸食一种毒品的人数每年占人口总数的 16% 以上，45 岁以下的美国人口中有 50% 以上的人至少吸食过一次毒品。[2] 如此庞大的需方市场在不断刺激毒品生产、贩运供方市场的同时，也使得与毒品有关的暴力犯罪以惊人的速度攀升，迅速衍生出谋杀、爆炸、纵火甚至产生交易双方火力交接等严重暴力犯罪。据统计，美国 30% 以上的暴力犯罪案件及 50% 以上的谋杀案件均与毒品有关，而目前在美国监狱服刑的罪犯中，30% 以上的罪犯均不同程度地参与了毒品犯罪。此外，毗邻美国的墨西哥贩毒集团利用地理位置优势，将大量的毒品尤其是可卡因通过海陆空全方位、立体化的渠道贩运至美国市场。目前，美国大约有 30 多万个组织团伙从事毒品交易、洗钱等犯罪活动，在贩运毒品过程中，许多美国警察尤其是边境警察也沦为贩毒集团的保护伞，导致腐败问题滋生。[3]

---

[1] CASEY E. History of Drugs Use and User in the United States [EB/OL]. [2015 – 05 – 02]. http: //www. druglibrary. org/schaffer/History/CASEYI. htm.

[2] 米宅海外. 美国禁毒之殇——弥漫美国的毒品为何难以禁绝? [EB/OL]. (2018 – 03 – 28) [2019 – 12 – 15]. http://m. mizhai. com/school/zixunneirong/id/10021. html.

[3] 胡尔贵，郭悦悦. 美国毒品治理的路径与启示 [J]. 中国刑警学院学报，2018 (5)：51 – 57.

二、美国毒品犯罪相关立法

美国是世界上毒品滥用最严重的国家，同时也是毒品犯罪立法体系相对完善的国家。长期以来，美国毒品犯罪相关立法一直作为西方国家毒品犯罪立法的风向标，针对严重且复杂的毒品犯罪问题，美国制定了大量的联邦法规以及地方各州法规，共同建构起了严密的法律制度体系。

（一）单行法规

早在1914年，美国联邦政府出台了第一部关于毒品控制的法案——《哈里森毒品法》（the Harrison Narcotics Act），将非医疗目的使用的鸦片、吗啡、海洛因等麻醉药品非法化，改变了该类麻醉药品随意买卖的现状，也奠定了美国毒品犯罪案件侦查工作开展的基础，但直至1956年，美国国会才正式将海洛因列入违禁品行列。1970年，美国国会通过了《全面预防和控制滥用毒品法》（Comprehensive Drug Abuse Prevention and Control Act of 1970），该法案所囊括的《受控制化学品法》（the Controlled Substances Act, CSA）首次以分类的形式对毒品进行划分，其中海洛因、大麻等没有医用价值的高度成瘾性麻醉药品被划分为第一类，非法贩运、持有该类毒品将会受到严厉的法律制裁。1984年，美国国会通过了《综合犯罪控制法》，其中规定了对种植大麻行为的制裁。[1] 随后，美国通过了《1988年反毒品滥用法》（Anti-Drug Abuse Act of 1988），这部对美国禁毒立法具有里程碑意义的法案首次强化了美国对毒品控制的专门机构及其职能，并在毒品走私犯罪的适用情节中增设了死刑条款。此外，为了进一步打击与毒品犯罪有关的不

[1] 王祎．中美禁毒立法之比较［J］．浙江公安高等专科学校学报，2007（4）：41-45.

法企业及其从事的非法活动，美国先后制定了《参与诈骗和腐化组织法》《银行保密法》《犯罪企业法》《反洗钱活动计划法案》等一系列相关立法，对该类行为进行严惩。20世纪90年代中后期以来，随着精神类毒品走私、贩运数量的不断激增，美国国会于1996年再次通过了《综合甲基苯丙胺控制法》（the Comprehensive Methamphetamine Control Act 1996），对甲基苯丙胺类化学原料进行了严格的控制，提高了走私、贩运、制造精神类毒品的量刑标准，体现了美国打击毒品犯罪的立法态度。随后，美国在2010年又通过了《平等量刑法》（Fair Sentencing Act of 2010），缩小了贩卖可卡因与高纯度可卡因之间的量刑差距。[1]

（二）1962年《模范刑法典》

吸毒是毒品犯罪的源头，世界上大多数国家均对吸毒行为科以刑罚，美国也不例外。美国《模范刑法典》第250.5条对吸毒者的行为进行了规定，即“行为人在医用目的之外，摄取酒精饮料、麻醉药品或其他药品（包括精神类药品），致使在公共场所显示受影响到足以危害自己或他人的人身或财产或使周围的人感到不安程度的状态者，构成犯罪”，该条文对吸毒者吸食毒品的前提、地点以及行为后果等进行了明确的规定。在美国，行为人如若在过去一年内因该行为被两次作出有罪认定时，属微罪；如不在公共场所则属违反秩序的行为。

三、美国毒品犯罪案件侦查方法

从美国毒品犯罪相关法律规定可以看出，一直以来，美国十分重视对毒品犯罪活动的打击。目前，美国毒品犯罪案件在侦查

---

[1] 刘建宏．新禁毒全书（第六卷）：外国禁毒法律概览［M］．北京：人民出版社，2016：6.

过程中主要采用诱惑侦查、控制下交付、特情、卧底运用以及技术侦查等方法。

（一）侦查思维方法

美国联邦、州以及地方的刑事司法机构均享有对毒品犯罪案件的执法权，除走私毒品犯罪外，其他与毒品有关的犯罪活动均属州及地方刑事司法机关管辖，其管辖的案件范围不仅包括生产、制造、贩卖、运输毒品，种植毒品，非法持有毒品等行为，也包括毒品滥用的相关问题。从美国禁毒立法可以看出，一直以来，美国十分重视对毒品犯罪的打击，并从立法上对毒品犯罪分子科以严厉的刑罚。即便如此，在侦查目的确立上，美国并不以查明涉毒案情、收集涉毒证据、抓获毒品犯罪嫌疑人作为侦查之唯一目的，而是在充分考虑侦查方法是否具有充实的实施理由、侦查策略手段的实施是否符合法律程序、指控是否得当等综合因素后才陆续开展侦查工作，如缉毒人员在发现涉毒人员有购买毒品的情况下，并不会立即对其实施现场拘捕，而是会在权衡全案证据和事实理由正当性的基础上才实施现场拘捕，当然，这也是法院对侦查办案过程审核的内容之一。又如，几所美国高校曾联合科研公司共同研发了一套“多智能体信息系统”，以帮助威斯康星州缉毒执法局决定对毒品犯罪嫌疑人的指控级别，[1] 上述种种均充分体现了美国缉毒机关对程序公正的价值追求和对犯罪嫌疑人人权的保护。侦查方法设计运用中，在毒品滥用问题日益严峻的背景下，美国采用毒品犯罪供方与需方双向打击的方式，于1962年将

---

[1] BHASKAR R, PENDHARKAR P C. The Wisconsin Division of Narcotics Enforcement Uses Multi - Agent Information Systems to Investigate Drug Crimes [J]. Interfaces, 1999, 29 (3): 77 - 87.

吸毒行为入罪，从犯罪的始端和终端共同打击毒品犯罪。此外，美国也十分重视对涉毒企业以及毒品洗钱犯罪行为的打击。因此，在案件侦查过程中，缉毒人员会依据相关禁毒立法（如1970年美国专设《银行保密法》）与银行等相关金融机构开展密切合作，以查出涉毒资产的流动情况。在证据收集方式上，除了收缴毒资以外，美国十分重视对涉毒嫌疑人涉毒资产的查处，在具体查处过程中，注重对证明涉毒嫌疑人主观犯罪意图、是否明知自己行为违法等方面证据的收集，以应对犯罪嫌疑人行使有关没收财产的抗辩权。

（二）侦查策略手段

1. 诱惑侦查

美国自1910年成立FBI以来，诱惑侦查已经开始应用于刑事案件侦查中，特别是“二战”结束以后，诱惑侦查被广泛应用于毒品犯罪等取证难、隐蔽性强的特殊犯罪案件中。在具体案件侦查中，缉毒人员或其代理人通过特意设计某种诱发犯罪的情境，或依据涉毒嫌疑人犯罪活动的倾向而向其提供实施犯罪的条件或机会，待其实施犯罪行为时或犯罪结果发生后，将其抓获。在美国，对诱惑侦查的法律规制主要采用判例法的方式，通过大量司法判例的积累，从而形成规制诱惑侦查的法理基础。从美国1932年的索勒斯（Sorrells）案[1]到1978年的特维格（Twigg）案[2]，再

---

[1] Sorrells v. United States. 287 U. S. 435 (1932) [EB/OL]. [2008-08-10]. https://supreme. justia. com/cases/federal/us/287/435/.

[2] United States v. Twigg, 588F. 2d 373 (1978). 该案大致案情为：缉毒人员要求一名重刑犯库比查与美国当局合作，联系其好友内维尔生产制造毒品，并允诺以减刑作为合作的回报，后内维尔又要求该案的另一名犯罪嫌疑人特维格（Twigg）参与犯罪，在整个作案过程中，警方不仅向库比查提供生产制造毒品的原材料，还向其提供了制毒的场地。

到1992年的杰克波森（Jacobson）案[1]，可以看出，美国对诱惑侦查的法律规制已从开始单一的主观判断标准逐渐融合客观判断标准的诸多因素。依此，美国缉毒实践部门为进一步规范诱惑侦查方法的使用规范，对诱惑侦查的使用条件、实施依据及原则作出了内部规定，即只有当侦查对象可能实施或正在实施毒品犯罪活动时，才可以使用诱惑侦查；当有合理的迹象表明侦查对象正在或将要实施毒品犯罪活动或从事毒品非法犯罪活动的机会已经形成，任何人提供类似的机会都会实施预定的毒品犯罪行为，才能授权实施诱惑侦查；诱惑侦查行为不得诱惑或鼓动涉毒嫌疑人实施违法行为等。

2. 控制下交付

控制下交付滥觞于美国。早在1931年，美国禁毒执法机关已经成功运用控制下交付破获了从土耳其伊斯坦布尔向美国走私鸦片的犯罪案件。[2] 控制下交付之所以产生于美国，主要是基于美国"外源性"的毒品供应渠道，团伙性、集团性的组织贩运方式，在传统毒品犯罪案件侦查方法难以应对的情况下，控制下交付在摸清犯罪组织网络架构、掌控贩毒路线、查明毒品、抓获犯罪团伙或集团头目方面发挥着独一无二的功效，因此也被称为"迟延逮捕"，是积极经营思想的体现。[3] 随着控制下交付在美国运用的不断成熟，无论是控制下交付适用的执法主体、法律依据、执法程序，还是控制下交付适用的具体原则都更加明确化、规范化。如

---

[1] United States v. Jacobson, 503 U. S. (1992). 该案大致案情为：被告人杰克波森曾于1984年购买了有关未成年人的色情杂志。随后，美国未成年人保护法令将购买含有未成年人色情杂志的行为视为非法行为，有关执法人员通过各种非政府组织问卷调研、向杰克波森邮寄色情杂志等方式固定证据，并最终将其抓获。

[2] NADELMANN E. Cops Across Borders: The Internationalization of U. S. Criminal Law Enforcement [M]. Pennsylvania University Press, 1993.

[3] 邓立军. 程序法视野下的控制下交付［M］. 北京：中国政法大学出版社，2019：122.

美国联邦邮政检查处的检查员在对通过美国的邮件进行检查过程中，如若发现毒品等违禁品，可依据《美国法典》第 21 编第 841 条、第 843 条和第 844 条之规定，与州执法机构、地方执法机构合作开展控制下交付[1]；又如，美国在控制下交付实施过程中确立了“适当使用原则”等，[2] 其先进的执法理念、健全的执法依据、规范的执法程序为世界各国实施控制下交付提供了宝贵的经验。

3. 线人、卧底运用

在美国，线人（特情，文后不再赘述）数量十分庞大，尤其是“9·11”事件发生以后，美国政府开始开展线人招募计划，目前招募的“民间警察”几乎占全美人数的 4% 。[3] 哈佛大学德肖威茨教授曾说过，“美国是一个依靠告密者维持统治的国家”。[4] 在毒品犯罪案件侦查中，无论是美国联邦调查局与联邦缉毒署，还是各州、地区的缉毒机关，均培养了大量的线人，这些线人打入犯罪团伙或集团后，为侦查主体收集大量翔实的信息情报。[5]在线人使用制度方面，美国主要以判例法、制定法以及相关内部准则对线人的管理、使用及其法律责任等问题进行了规定，相较于判例法、制定法规定的零散与表面，美国司法部颁布的关于线人使用制度的内部准则（《秘密线人使用准则》）详细系统地从线人物建、

---

[1] STEFFAN G S, CANDELARIA S M. Drug interdiction: Partnerships, Legal Principles, and Investigative Methodologies for Law Enforcement [M]. Second Edition. CRC Press, 2010.

[2] GIUREA L. Special Methods and Technique for Investigating Drug [J]. International Journal of Criminal Investigation, 2013, 3 (2): 140.

[3] 程雷．秘密侦查比较研究——以美、德、荷、英四国为样本的分析 [M]. 北京：中国人民公安大学出版社，2008：233.

[4] 德肖威茨．最好的辩护 [M]. 唐交东，译．北京：法律出版社，2014：11 – 101.

[5] ZIMMERMAN C S. Toward a New Version of Informants: A History of Abuses and Suggestions for Reform [J]. Hastings Constitutional Law Quarterly, 1994, 22 (1): 83 – 178.

线人使用与管理、线人使用情况通报、线人停止使用四个方面，对线人使用原则、线人使用的基本行为准则、线人违法后果以及线人经费支付等问题均作了详细的规定，该内部规定虽不具有法律适用的效力，但从内容上说是非常科学和完整的。

美国是卧底侦查应用最频繁的国家之一，仅 1984 年，美国联邦调查局就实施了 391 起卧底侦查的案件。[1] 随着美国毒品犯罪问题的愈演愈烈以及传统侦查方法在侦办毒品犯罪中呈现的被动性，卧底侦查开始被广泛应用于毒品犯罪案件侦查中，并成为侦办毒品犯罪案件的有效之法。此外，美国在卧底侦查使用中也十分重视对人权的保障。一直以来，卧底侦查使用中的高风险性、隐秘性和可能的行为侵权性让人产生诸多隐忧，为了进一步规范卧底侦查的应用，1986 年美国《洗钱控制法》首次对卧底侦查的启动条件、审批程序以及卧底侦查的权限等问题作了规定。2002 年修订的《司法部长对联邦调查局卧底侦查之指导纲领》进一步对卧底侦查使用的条件作出严格限制，也使卧底侦查逐步走上法治化道路。

4. 秘密监控

在美国，秘密监控类似我国的技术侦查，但内涵并不完全相同。随着毒品犯罪活动隐秘化、智能化特征的不断凸显，在传统侦查方法难以奏效的情况下，美国开始采用秘密监控方法以秘密获取情报信息、收集涉案证据、提高侦查效率，实现对毒品犯罪活动的精准打击，由此，秘密监控逐渐成为毒品犯罪案件侦查中极为重要的手段。然而，秘密监控方法的使用，尤其是通信监控（Communication Surveillance）、业务记录监控（Transactional Surveillance）的使用往往需要保证其隐秘性、可行性，如若不对其

---

[1] 林璨璋. 缉毒工作中卧底侦查及诱陷抗辩之探讨 [J]. 警学丛刊，1994 (1).

进行法律规制，难免会对公民的权利产生侵犯。美国很早就对技术侦查的使用进行了立法规制，如1968年的《综合犯罪控制与街道安全法》明确规定了司法令状签署法官、总检察长、法院行政管理局具有年度报告义务，令状签署法官须对其签署的技术监听的类型、技术监听变更或延期的原因、延期的期限、适用案件类型、监听场所等内容作出年度报告。此外，美国的《电子通信隐私法》和《爱国者法》也对秘密监控活动作出了相应的立法规制。

21世纪以来，伴随科技的进步，技术侦查所带来的权利扩张性、行为脱域性又使其在适用过程中产生了新的问题，如2012年美国关于琼斯（Jones）案❶判决意见的争论就映射出了这个问题。该案围绕技术侦查与个人隐私的问题展开探讨。在该案中，阿利托大法官提出，科技水平如此发达的今天，在侦查机关可以轻易运用高科技侦查手段获取涉案信息的背景下，应当将《美国第四宪法修正案》关于公民人身权利保护的条款置于当今的秘密监控手段之中，改变以往传统的“物理侵入”式的判断标准，而以“合理隐私期待为标准”对案件进行综合评判，该观点也得到了金斯伯格等大法官的支持。❷

---

❶ United States v. Jones, 132 S. Ct. 945 (2011). 该案大致案情为：美国联邦调查局和华盛顿特区警察怀疑夜总会老板琼斯（Jones）涉嫌毒品犯罪，并申请了对琼斯的车上安装使用全球定位跟踪设备（GPS）的搜查令。搜查令要求的时间与地域要求是：10天内在哥伦比亚特区执行。然而，警方在对琼斯名下的汽车进行了长达11日的跟踪监控后，在司法令状签发地之外的马里兰州给汽车安装了GPS，最终在进行了长达28日的跟踪监控后获取涉毒证据。初审法院认为琼斯在公共场所的汽车没有合理的隐私预期，遂采信了所有证据。尽管琼斯的第一次审判导致陪审团意见不一致，但琼斯最终在第二次审判中依据上述证据被判有罪。

❷ 郑曦．美国琼斯案对我国技术侦查制度建构的启示［J］．北航法律评论，2012(10)：283－290.

第二节　英国毒品犯罪案件侦查方法概况

一、英国毒品犯罪形势

英国的毒品问题由来已久。早在19世纪英国向其他国家大量倾销毒品的时候，英国本土就已经使用毒品了，但当时吸毒人数还比较少，尚未引起英国政府的重视。直至20世纪60年代，在英国开放式药品管理体制下，大量的使人形成瘾癖的麻醉药品和精神药品开始流入毒品交易黑市，吸毒人数迅速激增，毒品滥用问题凸显。据伍顿委员会统计，仅1968—1970年，英国大麻的使用人数就由最初的30万人扩展至将近200万人之多。[1] 进入80年代，英国的毒品更加泛滥成灾，吸毒人员也逐渐向低龄化转变，英国药品依赖性研究所调查报告显示，1992年，英国14岁的少年中，有20%使用过大麻，有25%使用过摇头丸。在素以保守著称的苏格兰地区，1996年调研的近8000名青少年中，几乎有一半尝试过使用毒品，[2] 数量相当惊人。进入21世纪，英国吸食毒品的人数并未减退，有近500万人长期吸食大麻，近200万人长期吸食、注射新型合成类毒品，[3] 截至2016年底，英国共有接近250.5万名吸毒人员。如此庞大的需方市场不仅使英国的艾滋病传播速度加剧，更使毒品犯罪问题愈演愈烈，走私、贩卖毒品罪迅

---

[1] MARWICK A. British Society Since 1945 [M]. Penguin Books, 1996: 143, 251 - 252, 474.

[2] OSGERBY B. Youth in Britain Since 1945 [M]. Blackwell Publishers Ltd, 1998: 178 - 179.

[3] 王磊，胡梅生. 当代英国吸毒问题探析 [J]. 德州学院学报，2010, 26 (5): 38 - 42.

速攀升，仅1976—1995年，涉嫌毒品犯罪的人数就增加了近7倍之多[1]，与此同时，毒品犯罪也开始朝大宗化、集团化的方向发展。此外，英国伦敦作为世界主要的金融中心，在为英国带来经济效益的同时，也成为一些贩毒集团洗钱的中心，特别是跨国洗钱犯罪尤为突出。

二、英国毒品犯罪相关立法

不同于美国毒品犯罪立法中一贯秉持的严打思想，英国毒品犯罪立法起步相对较晚，大致经历了医生治疗为主[2]—加强毒品控制与发展公共卫生体系并行—发展卫生体系抗击艾滋病与打击毒品犯罪并行[3]—完善禁毒模式、重点打击毒品犯罪四个时期。直至20世纪60年代，英国罗伦斯顿委员会对1926年发表的以医生治疗为主的毒品问题治理模式才逐渐提出质疑。在国内吸毒人数不断激增的情况下，英国政府开始重视毒品犯罪相关立法，加强法律对毒品犯罪的打击。从历史纵向的角度来看，20世纪60年代以后，英国的毒品犯罪立法进程大致经历了以下三个时期。

（1）20世纪六七十年代，是英国政府加强毒品控制与发展公共卫生体系的时期。1960年以来，面对吸毒人数激增、吸毒人员低龄化等特点，英国于1967年颁布了《危险药品法令》（Dangerous Drugs Act），在加强对毒品成瘾者管理的同时，严格控制医生的处

---

❶ GEORGE V, WILDING P. British Society and Social Welfare: Towards a Sustainable Society [M]. Acmillan Press Ltd, 1999.

❷ Ministry of Health. "Welfare and Sport", Drug Policy [EB/OL]. (2004-07-06). http://www.minvws.nl/images/42209_indr_En_3_tcm11_51990.

❸ YATES R. A Brief History of British Drug Policy (1950—2001) [J]. Drugs: Education, Prevention and Policy, 2002, 9 (2): 116.

方权，减少过量毒品处方对毒品黑市的“滋养”。❶ 1971 年，英国又颁布了《毒品滥用法令》（the Misuse of Drugs Act 1971），该法令首次对管制药品进行了定义和分类，凡非法生产、供应、持有毒品或种植毒品原植物的，提供毒品犯罪场所的以及从事某些与毒品有关的行为均应受到刑事处罚，该法令也成为后来英国禁毒法立法体系的基石。

（2）20 世纪八九十年代是英国政府大力发展卫生体系抗击艾滋病的时期，同时也是毒品犯罪打击力度进一步加强的时期。1980 年以来，伴随着英国毒品滥用问题的爆发式增长，由毒品滥用引发的艾滋病开始出现，并迅速在英国传播。为有效遏制艾滋病，英国政府迅速调整禁毒方针，将控制和预防艾滋病传播作为禁毒工作的重点。同时，为进一步加强对毒品犯罪的打击力度，英国于 1985 年颁布了《管制药品惩罚法令》（the Controlled Drug Penalties Act 1985），该法令将贩卖毒品行为的量刑提高至终身监禁。1986 年，英国又颁布了《贩运毒品罪法令》（the Drug Tzrafficking Offences Act 1986），责成法庭一旦查明有贩运毒品的犯罪行为，即可没收被告人的全部财产。随后，英国 1994 年颁布的《毒品交易法令》（Drug Trafficking Act 1994）再次加大了对毒品犯罪交易行为的惩罚力度。

（3）21 世纪前后，是英国重点打击毒品犯罪的时期。自 1994 年《刑事审判和公共秩序法令》（Criminal Justiceand Public Order Act）、1997 年《刑事审判法令》（Crime Sentences Act）以及 1998 年《犯罪和骚乱法令》（Crime and Disorder Act）的相继出台，❷ 英国的禁毒立法体系进一步得到补充完善，对毒品犯罪的立法设置

---

❶ STIMSON G. Views of a Sociologist : Drug Problems as an Everyday Part of Our Society [J]. British Journal of Addiction , 1983, 78 (2): 120.

❷ 王磊. 当代英国禁毒政策探析 [J]. 欧洲研究, 2004 (5): 133 - 145, 4.

也更加细致科学。

三、英国毒品犯罪案件侦查方法

（一）侦查思维方法

从英国的毒品犯罪立法可以看出，英国自20世纪80年代后才逐渐开始重视对毒品犯罪的打击，英国前首相撒切尔夫人在20世纪80年代以“海洛因使你一团糟”为口号，拉开了英国全面打击毒品犯罪的序幕。在侦查目的的确立上，英国与美国相同，并不遵循单一目的的诉讼价值观，十分重视对犯罪嫌疑人人权的保护，如英国法在秘密监控所获证据的使用问题上，多年来一直坚持将采用通信截获的材料不得作为证据使用这一重要原则，一方面是为了防止该项技术手段被公开后影响其具体实施的有效性，另一方面也是对公民基本隐私权的保护。在侦查方法设计运用的过程中，受“危害最小化”原则以及“治疗代替刑罚”禁毒理念的影响，英国对毒品犯罪的打击主要是对毒品供方市场的打击，通过综合运用技术侦查、控制下交付、诱惑侦查、卧底与线人等侦查策略手段实现对毒品犯罪供方市场的全面打击；在证据收集方式上，受英国禁毒立法的影响，如英国毒品量刑指南会依据被告人在毒品犯罪中所起的作用而确定一个较为合理的毒品数量作为量刑之起点，同时也会依据毒品纯度进行数量折算。英国毒品犯罪案件侦查中证据的收集工作相当细致，包括对涉毒嫌疑人在犯罪中所起的作用、涉案毒品的纯度等相关证据的收集。

（二）侦查策略手段

1. 诱惑侦查

英国早在18世纪就已将诱惑侦查（诱陷行为）作为一种侦查手段运用于犯罪案件侦查之中。20世纪60年代以后，随着英国毒品犯罪问题的爆发以及禁毒政策向毒品犯罪打击方面逐渐转移，诱惑侦查作为一种有效的侦查手段开始运用到毒品犯罪案件侦查之中。然而，当时英国皇家委员会十分谴责这种基于陷害教唆的侦查手法，英国上议院大法官曾多次对警方使用的诱陷手段予以否定，直至1980年桑（Sang）案[1]判决的出现才改变了英国对诱惑侦查行为的否定态度。随着1984年《警察与刑事证据法令》的出台，英国法院开始对诱惑侦查的法律规制问题进行探索，而这种探索在2001年卢斯利（Looseley）案[2]中充分得到体现。在该案中，英国对诱惑侦查使用遵循客观评判标准，即诱惑侦查启动的目的是否正当、行为方式是否适度、是否遵循了监督程序、是否满足修正的因果关系之判断标准等作为评判诱惑侦查合法性的标准。此外，在诱惑侦查的制裁方式上，英国主要采用程序性的制裁方式，认为选择终止诉讼是英国对诱惑侦查行为最好的救济。

2. 控制下交付

自1930年控制下交付在美国首创并成熟运用之后，美国尼克松政府积极倡导将控制下交付向海外输出，以谋得控制下交付在全球毒品战争中，尤其是跨国毒品犯罪案件侦查中的突出效用。[3]基于欧美双方之间长期良好的警务合作关系，美国将欧洲定为控制下交付向海外输出的第一站，英国当然位列其中。然而，基于国家主权、立法体制以及执法观念的不同，控制下交付在英国适用的初期一直饱受质疑。20世纪80年代，英国皇家海关与关税署侦查官员P. D. 切特（P. D. Cutting）首次对控制下交付在英国适用中的误解与争议进行了阐释，认为控制下交付应用的前提是毒品犯罪

---

[1] 1980年R v. Sang一案中，上议院虽然在裁决中明确了“侦查陷阱”不能作为实体抗辩的理由，但却肯定了其可作为一个减刑因素，在法官量刑时予以考虑。

[2] 参考R v. Looseley，[2001] UKHL 53，[2001] 4 ALL ER 897判决意见。

[3] 邓立军. 程序法视野下的控制下交付［M］. 北京：中国政法大学出版社，2019：128.

已经实施，并不存在所谓的“诱陷”因素，该策略手段仅是通过对毒品犯罪行为实施监控的方式以达到寻找上线、深挖下线之目的。❶随着1988年、2000年和2003年三大联合国公约的达成，确立了控制下交付国际适用的统一标准，也使得英国在使用控制下交付过程中可以寻求更多国际法上的依据，在国内的使用也愈加频繁。❷如2008年，英国通过开展“车马行动”，允许装载总价值约3600万英镑的大麻的远洋航船行至英国境内，促成了英国与以色列跨国控制下交付的成功运用。❸

3. 线人、卧底运用

线人在英国的使用由来已久。早在2000年《调查权力规管法令》（Regulation of Investigatory Powers Act，RIPA）尚未颁布前，线人在英国犯罪案件侦查中尤其是毒品犯罪案件侦查中的使用已经非常广泛，直至RIPA法令的颁布，线人制度首次获得了制定法的依据。纵观英国RIPA法令，其中有关线人使用制度的规定大都较为宏观，对线人的具体使用缺乏明确的指引性，如线人可以从事哪些行为、由谁批准、线人参与犯罪如何处理、线人使用如何监督等问题均未作出明确规定，致使线人在实践中的使用较为混乱。在线人使用批准制度上，英国内政部以及海关部门联合发布的《秘密行动实践法令》虽然对线人批准问题作出了相应规定，

---

❶ CUTTING P D. The Technique of Controlled Delivery as a Weapon in Dealing with Illicit Traffic in Narcotic Drugs and Psychotropic Substance [J]. Bulletin on Narcotics, 1983, 35 (4): 15 - 22.

❷ United Nations Office on Drugs and Crime, Technical Guide to the United Nations Convention Against Corruption [EB/OL]. [2012 - 05 - 06]. http://www.unodc.org/undoc/en/treaties/CAC/technical - guide.html.

❸ BOISTER N. An Introduction to Transnational Criminal Law [M]. Oxford University Press, 2012: 168.

但相关内容却形同虚设，实践中严格遵循上述程序的案件不到1/10[1]，线人的使用较为随意；在线人违法行为制裁方面，相关立法规定以及监督机制的匮乏，使英国警方为了保护线人，常常给予其全部的刑事豁免权；在线人行为合法性标准的判断上，从英国已有的相关判例，尤其是艾伦（Allan）案[2]中的判决可以看出，英国对线人使用的法律规制总体较为松散，认为线人针对犯罪嫌疑人的取证行为并不受1984年《警察与刑事证据法令》相关条款的限制，可以采用隐秘谈话等行为获取线索和证据。欧洲人权法院最终的判决对英国犯罪案件侦查中线人行为的合法性标准进行了限定，认为线人与警方之间是一种代理与被代理的关系，线人的取证行为可以视为侦查机关的取证行为，因此也应当遵循《警察与刑事证据法令》的相关限制，取证过程中不得以“引诱”、隐秘谈话等其他方式使犯罪嫌疑人做出自白，否则将有损于犯罪嫌疑人的沉默权。[3]

在英国，卧底又称秘密探员，是毒品犯罪案件侦查中常用的策略手段。直至2000年RIPA法令的颁布，卧底侦查的使用才有了较为系统的规定，该法令对卧底侦查的授权主体、授权程序、授权条件、授权内容、授权期限以及司法监督等内容均作出了详细的规定。综观上述规定，其中大多数仅对卧底侦查进行了程序性规定，并未涉及卧底侦查合法性标准、违法性制裁等方面的内

---

[1] GREER S, SOUTH N. The Criminal Information: Police Management, Supervision and Control [M] //Stewart Field and Caroline Pelser. Invading the Private - State Accountability and New investigative Methods in Europe. Athenaeum Press, 1998: 42.

[2] 该案的基本案情为：被告人艾伦（Allan）涉嫌枪杀超市老板，警方在对其讯问过程中艾伦始终保持沉默，无奈之下，警方派遣线人H接近艾伦，线人H最终以录音的形式获取了被告人艾伦的有罪供述。

[3] 何永福．欧洲人权法院视野下的警方线人取供研究——以艾伦诉英国为例［J］．三峡大学学报（人文社会科学版），2016，38（1）：74－80.

容，但这并不意味着卧底侦查在实践操作中无章可循，从英国大量有关卧底侦查的司法判例中可以看出，在对待卧底侦查行为的合法性标准上，英国主要遵循1984年《警察与刑事证据法令》中的相关内容，认为卧底侦查是英国警方的侦查行为，在行为标准上不得采取任何秘密谈话等可能侵犯犯罪嫌疑人沉默权的行为。

4. 通信监控

在英国，通信监控类似于我国的技术侦查，但与我国技术侦查的内涵并不完全相同。通信监控作为英国毒品犯罪案件侦查中常用的策略手段，其在获取涉毒犯罪情报信息、监控涉毒嫌疑人活动轨迹、涉毒团伙人员架构等方面发挥着独特的作用。然而，凡事有利必有弊，英国通信监控的使用同样也面临着侵犯人权的现实风险，如若使用不当，则会对公民的隐私权产生强烈干预，所以必须对其进行相应的立法规制。英国关于通信监控的立法规制主要集中在1997年《警察法令》、2000年RIPA法令以及2016年的《调查权力法案》之中，2000年RIPA法令主要将监控行为划分为通信截获与通信获取、直接监控与侵入监控、电脑数据获取三大类，虽然RIPA法令将电脑数据获取单列一章，但所有与电脑互联网有关的通信监控行为均可以归入前两种分类方式之中❶；1997年《警察法令》对干预财产型监控作出了程序性的规定，从某种程度上补充了RIPA法令对侦查实践中各种监控手段划分上的不足；2016年的《调查权力法案》又进一步将RIPA法令对监控行为的第一类划分细化为通信截获、通信获取以及通信存留三种行为，改变了监控行为的授予及监管方式，即由以往的仅由内政大臣审批的模式改为内政大臣与司法专员的双重审批模式，加强了对技术侦查行为的法

---

❶ 程雷．秘密侦查比较研究——以美、德、荷、英四国为样本的分析［M］．北京：中国人民公安大学出版社，2008：488.

律规制。[1] 从上述有关通信监控的法律规制可以看出，英国对通信侦察的法律规制较为细致全面，但遗憾的是，其并未对非法监控行为产生的法律后果以及相应的权利救济作出相应规定。

第三节　德国毒品犯罪案件侦查方法概况

一、德国毒品犯罪形势

20 世纪 80 年代，随着经济、政治、文化全球化步伐的加快，毒品犯罪问题也逐渐演变成了全球性的灾难，德国也不例外。从吸毒人数来看，与英国以及欧洲其他国家相比，德国吸毒人口的比例相对较小。相关数据显示，德国消费非法麻醉品的人数约占全国总人口的 0.18%，总体低于欧洲其他国家的吸毒人数。[2] 然而，近年来，德国的吸毒者中吸食新型毒品人数特别是吸食新型毒品的青少年人数开始出现成倍增长态势。禁毒专家指出，德国 12～15 岁的少年中，有近 7% 接触过大麻，18～25 岁的青年中，有近 20% 吸食过大麻，是 20 世纪 90 年代吸毒人数的 3 倍。[3] 如此稳定的需方市场不断刺激着毒品的供方市场，引发了毒品走私、贩卖、运输、制造等一系列毒品犯罪问题，随之也出现了武装贩运、强奸、杀人等严重的暴力犯罪问题。据德国警方以及海关部门统计，2001 年德国共破获海洛因案件 7000 余起，发现海洛因

---

[1] 孙明泽．英国通讯截取的最新制度及对我国的启示——基于英国《2016 年侦查权力法案》的考察［J］．情报杂志，2019，38（2）：99－104，139.

[2] 刘建宏．新禁毒全书（第一卷）：全球化视角下的毒品问题［M］．北京：人民出版社，2014：253.

[3] 海燕，姜波．毒品在德国［J］．人民公安，2007（4）：60－61.

800多千克[1]；2004年德国警方共查获各类毒品共13000多千克、摇头丸200多万片，摧毁制毒加工厂7间，毒品犯罪形势十分严峻。[2] 从地理位置来看，德国位于整个欧洲的中部，东邻波兰和捷克，西邻比利时、荷兰以及卢森堡，南邻法国，北邻丹麦，交通便利、运输渠道四通八达，这毫无疑问为跨国毒品犯罪提供了地缘优势，使德国成为欧洲跨国毒品犯罪组织的必经之地。上述种种因素使德国不仅成为毒品的制造国与消费国，更成为毒品的重要运输过境国。

二、德国毒品犯罪相关立法

德国是大陆法系国家，与同为大陆法系的日本等国家不同的是，有关毒品犯罪的立法大多以特别刑法和行政立法的形式予以规定。1920年，德国在第一个国际禁毒公约《海牙禁毒公约》后，制定了《鸦片管理法》；1981年，德国制定颁布了《麻醉品法》，对有关毒品犯罪的行为予以立法规制，如该法第29条第1款规定，非法进行毒品交易的行为可处以最高为4年的自由刑，情节严重的可处以10~15年自由刑。[3] 随着德国毒品犯罪形势的日益严峻，1981年《麻醉品法》又在理论界和司法界长期的争论中经过多次修改和完善，并逐步经历了从宽松到严厉的立法过程。[4] 此外，除《麻醉品法》以外，德国1992年的《与有组织犯罪斗争法》、1994年的《革新麻醉品法》均对毒品犯罪行为进行了立法规制，尤其加大了对有组织毒品犯罪和严重毒品犯罪的刑罚力度。

从德国的毒品犯罪立法进程可以看出，德国对毒品犯罪的刑

---

[1] 寿舒宁．德国2001年毒品犯罪统计［J］．公安研究，2002（7）．
[2] 海燕，姜波．毒品在德国［J］．人民公安，2007（4）：60-61.
[3] 徐久生．德语国家的犯罪学研究［M］．北京：中国法制出版社，1999：1-65.
[4] 金伟峰．中国禁毒法律制度研究［M］．上海：上海社会科学院出版社，2016：5-105.

事法律规制普遍存在，尤其在风险社会背景下，抽象危险犯设置在特别刑法中的普遍化已然成为一种趋势。与之不同的是，德国毒品犯罪立法在对吸食毒品行为的法律规制方面却呈现出日益“松绑”的立法趋势。在“危害最小化”原则以及“治疗代替刑罚”政策理念的不断渗透下，[1] 德国毒品犯罪立法在2000年修改的《麻醉品法》颁布后对吸毒者的吸毒行为开始呈现出“宽容化”的立法趋势，如《德国刑法》规定，“凡吸食毒品的，依吸食情节可判处两年以上、两年或两年以下自由刑，凡是吸食毒品成瘾者应按照相关禁毒立法规定选择在监狱服刑或是去戒毒治疗中心接受强制戒毒”；又如，在特定地点吸食毒品可免予刑事处罚，甚至还允许成立麻醉品注射室。[2] 此外，在德国功利主义色彩的禁毒路径与尊重人权的宪法原则冲突的影响下，德国的毒品犯罪立法并不像我国以及日本等国家那样旗帜鲜明，对于为自己消费而走私少量毒品的或首次消费罂粟、大麻的，在德国可免予刑事处罚。[3]

三、德国毒品犯罪案件侦查方法

（一）侦查思维方法

德国毒品犯罪立法对毒品犯罪的刑事规制总体呈现出从宽松到严格的立法过程，这也从侧面体现出德国对毒品犯罪打击态度的坚决性。在侦查目的确立上，德国缉毒人员在毒品犯罪案件侦查中十分注重对犯罪嫌疑人人权的保障，这从德国秘密监控的立法条文中就可以感受到。因此，在程序与实体的价值选择上，毫无疑问，德国更倾向于前者；侦查方法设计运用过程中，在面对

---

[1] 高巍．论德国禁毒法的基础理念［J］．学术探索，2006（6）：66－69.

[2] 邹涛．关于滥用毒品入罪的初步构想［J］．法律适用，2012（7）：90－92.

[3] 曲玉珠．德国禁毒立法与戒毒方法概述［J］．德国研究，1998（3）：31－34.

吸毒（尤其是吸毒者低龄化）、毒品犯罪集团化、团伙化等犯罪问题时，德国警方采取双管齐下、标本兼治的侦查思路，以联邦刑事调查总局与地方警察、海关缉查部门紧密协作，与国际缉毒局相互合作的方式实现对毒品犯罪供方市场的全面打击，以对吸毒人员采用监狱服刑或接受强制戒毒的方式实现对毒品犯罪需方市场的打击；在证据收集方面，受德国禁毒立法的影响，证据收集的程序须严格遵循相关立法之规定，尤其在采用秘密监控手段收集证据的过程中，必须严格按照秘密监控手段对公民权利干预程度的大小而对其予以区分，以最终获得法官或检察官的授权。

（二）侦查策略手段

1. 诱惑侦查

在德国司法实践中，诱惑侦查是毒品犯罪案件侦查中常用的策略手段之一。然而，在德国成文法中，尤其是《德国刑事诉讼法典》中，仅对秘密侦查中卧底侦查的适用进行了立法规制，并未涉及任何有关诱惑侦查的相关规定，这就致使诱惑侦查在德国司法实践中的适用一直饱受争议。通过考察德国关于诱惑侦查的司法判例、主要学术观点，并充分结合《德国刑事诉讼法典》的立法精神以及诱惑侦查的相关概念，可以看出，德国对于诱惑侦查具体适用的规制主要集中在以下几个方面：在诱惑侦查的适用程序问题上，《德国刑事诉讼法典》在 1992 年增列的有关卧底侦查的适用程序可以部分适用于诱惑侦查之中，即当诱惑侦查的主体仅为秘密侦查员（在德国专指卧底警探）时，则可以适用《德国刑事诉讼法典》中的相关程序性规定；[1] 在诱惑侦查合法性问题上，《德国刑事诉讼法典》第 136a 条所体现的禁止用“欺诈”的

---

[1] 何雷．域外诱惑侦查理论研究［M］．北京：中国人民公安大学出版社，2013：95.

方式对被指控人决定和确认自己意志自由的权利进行侵犯以及国家不应对国家本身促成犯罪的犯罪人加以处罚的法学理念，可以确认德国以诱惑侦查不违反法治国原则作为其合法性之标准，但如何确定某种行为是否违背了法治国原则，德国理论界尚未形成统一观点[1]，从德国已有的司法判例中可以看出，德国的诱惑侦查的评判标准从某种程度上来说与美国的刑事诉讼中的圈套抗辩存在某种契合之处，均采用混合型之评判标准；在违法诱惑侦查行为的法律制裁上，不同于英美法系国家，在法律尚未对其作出规定的情况下，德国法官更多地遵循减刑说的相关观点，依据非法诱惑行为之程度对被告人施以量刑减让。[2]

2. 控制下交付

与英国相同，控制下交付向德国的输入也并非一帆风顺。基于对纳粹德国时期滥用秘密侦查手段的恐惧，德国缉毒机构起初对控制下交付持非常谨慎的态度，对控制下交付的适用进行了极为严格的限制。德国著名评价法学派代表人物巴尔多鲁曾经说："法律的目的就在于其赋予特定利益以优先地位，而其他利益必须在一定程度上对其予以退让以避免利益冲突的发生，而公共利益优先原则无疑被诸多立法者所接受、认可并在潜移默化中遵循。"[3] 20 世纪 80 年代以来，随着毒品犯罪的全球性蔓延以及对德国非传统安全领域造成新威胁，德国开始对控制下交付的适用予以放宽[4]，以确保对全球化毒品犯罪的有力打击。如 1986 年德国开展的代号为"Baltica 86"的缉毒行动中，德国与荷兰、斯堪的纳维亚半岛

---

[1] 李明．秘密侦查法律问题研究［M］．北京：中国政法大学出版社，2016：179.

[2] 托马斯·魏根特．德国现代侦查程序与人权保护［M］//孙长永．现代侦查取证程序．刘莹，译．北京：中国检察出版社，2005：343.

[3] 巴尔多鲁．国法大全［M］．北京：中国法制出版社，2014：72.

[4] 兰跃军，应建洪．毒品犯罪侦查中的控制下交付［J］．犯罪研究，2016（6）：62－70.

国家成功运用跨国控制下交付对毒品的流通实施了跨境监控。[1] 随着1988年、2000年和2003年三大联合国禁毒公约的达成，[2] 控制下交付在德国的实施也逐渐走向成熟。

3. 线人、卧底运用

在德国，秘密侦查的主体主要分为卧底警探（从事卧底侦查）、非公开侦查员（从事浅层侦查任务的侦查员，并非卧底侦查人员）和线人三类，线人又具体分为卧底者和线民，这些特殊人员在毒品犯罪、赌博犯罪等案件侦查中发挥着难以替代的作用。在线人使用上，德国主要以司法部与内务部联合制定的《运用线人与卧底警察共同纲领》（以下简称《共同纲领》）作为线人运用的内部准则。[3] 该《共同纲领》主要对线人的选任、线人的批准与监管、线人的身份保密、线人的终止使用以及线人参与犯罪的处罚与豁免等进行了详细的规定，对德国的线人使用起到了较为明确的指引，但遗憾的是，该项规定仅属于内部规定，缺乏相应的法律约束力。

与线人的使用不同，德国对卧底侦查的法律规制相当严谨。《德国刑事诉讼法典》在1992年专门增设了有关卧底侦查的条款，对派遣卧底警察的启动条件和实施程序等进行了详细的规定。[4] 依据《德国刑事诉讼法典》第110条a－e的规定，德国对卧底使

---

[1] 陈永生，蔡其颖．控制下交付的历史沿革探析［J］．山东警察学院学报，2013(3)：84－89.

[2] United Nations Office on Drugs And Crime. Technical Guide to the United Nations Convention Against Corruption［EB/OL］．［2012－05－06］．http：//www.unodc.org/documents/treaties/UNCAC/Publications/Technical Guide/09－84395_Ebook.

[3] 程雷．秘密侦查比较研究——以美、德、荷、英四国为样本的分析［M］．北京：中国人民公安大学出版社，2008：344.

[4] 德国刑事诉讼法典［M］．李昌珂，译．北京：中国政法大学出版社，1995：38－40.

用的案件范围、适用条件、适用原则、批准程序、卧底侦查的身份保密、事后告知义务等均作出了非常详尽的规定，与德国的《共同纲领》相互配合，共同构成了对卧底侦查适用的严密立法规制。

4. 秘密监控

在德国，秘密监控的内涵十分类似我国的技术侦查，是德国毒品犯罪案件侦查中获取情报、收集证据时使用频率极高的侦查策略手段。在认识到技术侦查对公民隐私权侵犯的高风险性后，《德国刑事诉讼法典》对秘密监控的使用作出了相当严格的法律规制。授权主体上，主要采用法官授权的方式，当有延误危险时，也可以由检察官予以授权；在适用的案件范围上，德国确立了秘密监控使用的重罪原则，并依据技术监控手段对公民隐私权干预程度的不同而予以立法上的区别规定；在使用手段上，《德国刑事诉讼法典》对秘密监控的具体手段均作了较为明确的规定，如秘密摄录、电信控制与传真、电子邮件监控、窃听等。同时，对于“栅网追缉”“数据比对”这类信息化技术侦查手段，《德国刑事诉讼法典》也对其适用案件范围及审批程序等进行了严格的规定，与传统手段相比，有过之而无不及。[1] 在适用期限上，德国依据秘密监控手段干预程度的不同，对其适用的期限也分别作了相应的立法规定。总体来说，上述规定充分展现了德国对秘密监控立法态度上的严谨，也映射出德国对公民隐私权的重视。

---

[1] 万毅．解读“技术侦查”与“乔装侦查”——以《刑事诉讼法修正案》为中心的规范分析［J］．现代法学，2012（11）：181－185.

第四节 日本毒品犯罪案件侦查方法概况

一、日本毒品犯罪形势

日本毒品（日文称为“麻药”）滥用问题始于20世纪30年代。早在第二次世界大战期间，日本士兵就已经使用“除倦觉醒剂”（安非他命类药物）抵抗战时的疲劳。“二战”结束后，日本药物滥用问题开始大面积爆发，仅1943—1973年短短三十年的时间，日本滥用觉醒剂的人数就增长了近4倍。进入21世纪，日本滥用觉醒剂的人数逐渐降低，但与此同时，吸食大麻、MDMA等毒品的人数开始不断上升，并呈现出低龄化的特点。据厚生劳动省（类似我国的原卫生部）2002年所作的“药物滥用全国居民调查”报告显示，15岁以上的一般国民曾有过一次以上滥用药物经历的人占日本人口总数的1.3%[1]，但滥用药物的人数却呈现出逐年降低的趋势。2004年以后，日本滥用药物的人数基本趋于稳定，大致维持在2004年水平线上下。如此稳定的毒品需方市场不断刺激着毒品制造、走私、贩运类案件以及与毒品有关的有组织暴力犯罪的频发，从2004—2010年日本破获的毒品犯罪案件数量及收缴的毒品总量分析，日本平均每年侦破的各类毒品犯罪案件数基本维持在2万件左右、缴获的各类毒品总量基本维持在400千克左右，整体呈现出相对平稳的发展趋势，但其中由日本暴力团伙参

---

[1] 刘伟兵．日本的毒品现状及相关对策［J］．北京人民警察学院学报，2005（4）：59－60.

与的毒品犯罪案件就占近4成。[1] 需要说明的是，在日本每年侦破的毒品犯罪案件中，新型毒品犯罪案件逐年增多，这不仅与新型毒品尤其是新精神活性物质合成快、裂变快、隐蔽性强、列管难等因素有关，更是日本毒品亚文化发展的结果。可以说，即便是在社会治安状况相对良好的日本，毒品犯罪问题依然突出，更是一场“持久战”。

二、日本毒品犯罪相关立法

作为大陆法系国家，日本毒品犯罪立法主要采用刑法典与专门法相结合的方式对毒品犯罪行为予以惩处。《日本刑法典》中有关毒品犯罪的立法主要集中在第十四章“鸦片罪”中，依据该章规定，凡输入、制造、贩卖或以贩卖为目的持有鸦片或鸦片器具的，吸食鸦片的或以牟利为目的容留他人吸食鸦片的，海关人员输入鸦片、鸦片器具或准许他人输入的，无论既遂与否，均应受到日本刑法处罚。[2] 可见日本对毒品犯罪的刑法处罚相当严格。由于制定《日本刑法典》时只是针对当时出现的毒品进行了相关立法规制，随着毒品犯罪问题的愈演愈烈以及毒品种类的不断翻新，为了全面实现对毒品犯罪的打击，日本又相继出台了《麻药及精神药取缔法》《鸦片法》《兴奋剂取缔法》《大麻取缔法》等单行刑事法规[3]，对各类能使人形成瘾癖的麻醉药品和精神药品进行立法管控，制止其滥用。此外，为了全面呼应1988年联合国国际公约的相关规定，日本于1991年又先后制定并通过了《麻醉药及安眠

---

[1] 李明．日本预防毒品犯罪对策的重点及其启示［J］．犯罪研究，2011（3）：105－108，112.

[2] 金伟峰．中国禁毒法律制度研究［M］．上海：上海社会科学院出版社，2016：22－122.

[3] 刘建宏．新禁毒全书（第六卷）：外国禁毒法律概览［M］．北京：人民出版社，2016：71.

药等取缔特例法》《麻醉药及安眠药取缔的部分修改法》，增设了非法进口、隐匿非法收益等与毒品犯罪有关的罪名，并对非法收益的没收、罚款等均作出了明确的规定。此外，在毒品洗钱犯罪问题上，日本在《毒品资金洗净防治法》中对其作了相关规定，严厉打击毒品洗钱活动，并在随后通过的相关立法中对毒资的存储与非法转移等行为作了相应的刑法处罚。

三、日本毒品犯罪案件侦查方法

（一）侦查思维方法

从日本的毒品犯罪立法可以看出，一直以来，日本都十分重视对毒品犯罪的打击。在侦查目的确立上，受英美法系尤其是美国禁毒立法的影响，日本缉毒人员在毒品犯罪案件侦办过程中十分重视侦查程序价值的实现，如对处在公共场合的涉毒嫌疑人采用秘拍、秘录等侦查策略手段之前，缉毒人员会综合考虑该项手段实施的前提条件是否满足必要性、紧急性和适当性这三个条件后才会实施；在侦查方法设计运用过程中，面对毒品滥用问题，尤其是新型毒品滥用问题的日益加剧，日本采用与美国相似的打击对策，对毒品需方市场与供方市场实行双向打击，通过对贩毒集团或贩毒分子的严厉打击来斩断毒品供方市场，对吸毒人员科以刑罚的方式缩小毒品需方市场、深入挖掘犯罪集团或团伙的线索，并充分结合传统侦查方法与现代信息化科技手段，最终实现对毒品犯罪的全面打击；在证据收集方面，日本最鲜明的特点就在于对侦查取证程序的创新，尤其是在信息科技飞速发展的时代背景下，日本对电子记录等证据搜查、扣押方式设立了新的侦查程序，不仅在立法上承认了替代扣押的方式，更首次创设了由通信运营商与被处分者共同参与的侦查取证模式，认为侦查取证活动并不是国家机关单方面实施权力的活动，而应当是市民广泛参与的司法协助机制。[1]

（二）侦查策略手段

1. 诱惑侦查

在日本，诱惑侦查（诱饵侦查）的使用始于20世纪三四十年代。由于第二次世界大战“除倦觉醒剂”的频繁使用，日本滥用药物问题在“二战”结束后开始迅速蔓延，并由此引发大量毒品犯罪问题。为有效应对严峻的毒品犯罪形势，日本接受美国缉毒机关的建议，迅速将诱惑侦查运用于毒品犯罪案件侦查之中。受英美法系和大陆法系的双重影响，日本的诱惑侦查在具体实践中逐渐形成自身独有的特色。在立法规制方面，早在1948年的《麻药及精神药取缔法》和1954年的《鸦片法》中，日本就对诱惑侦查适用的案件范围、启动的审批程序以及具体的行为方法进行了立法规制，从立法上承认诱惑侦查的合法性，尤其是采用“假买”方式实施诱惑侦查的合法性。[2] 令人遗憾的是，日本的禁毒立法对诱惑侦查的法律规制一直较为宏观和零散，对诱惑侦查的合法性标准以及违法制裁等均未作出明确规定。在司法实践方面，从日本最高法院的司法判决中可以看出，日本对诱惑侦查持有宽容态度，但相应程序性制裁机制的缺失也难免让人对诱惑侦查的具体适用产生隐忧。

2. 跟踪监控（控制下交付）

从控制下交付的产生和发展来看，控制下交付于20世纪30年代滥觞于美国，在经历了向欧洲各国持续近20年的输出后，于1988年《联合国禁止非法贩运麻醉药品和精神药物公约》出台后，

---

[1] 田口守一．刑事诉讼法［M］．7版．张凌，于秀峰，译．北京：法律出版社，2019：148.

[2] 何雷．域外诱惑侦查理论研究［M］．北京：中国人民公安大学出版社，2013：109.

迅速进入全球盛行阶段。一直以来，日本并未对控制下交付作出相应的立法规定，加之控制下交付与日本既有立法如《关税法》存在冲突，控制下交付在向日本输入的初期是受到严格立法限制的。直至1991年日本《关于在国际协力之下防止助长与规制药物有关不正当行为等〈麻药及精神药取缔法〉之特例法律》（国際的な協力の下に規制 薬物に係る不正行為を助長する行為等の防止を図 るための麻薬及び向精神薬取締法等の特例等に関する法律）出台，才使控制下交付在日本毒品犯罪案件侦查中得以适用。[1] 依据该法规定，跨国毒品犯罪案件侦查中控制下交付启动的条件是已有的监控手段足以防止违禁品失散或涉毒人员逃跑时，才可以启动跨国控制下交付，允许外国人及违禁品进入日本境内。[2] 进入21世纪，控制下交付在日本得到较普遍适用，在实施主体、实施程序等方面逐渐得到了成熟和发展。

3. 技术侦查

在日本，技术侦查主要包括照相和录像、GPS侦查、提取体液以及监听通信等[3]，与我国技术侦查的内涵略有不同。随着日本毒品犯罪问题的日益严峻以及犯罪形式的国际化、组织化、隐蔽化的发展，技术侦查在日本毒品犯罪案件侦查中的重要性愈加凸显。

（1）照相与录像。

拍照（具体指拍人）与公民个人的隐私权密切相关。《日本刑事诉讼法》第218条第3款仅规定“对在押的犯罪嫌疑人可以进行拍照”，除此之外并无其他规定。这就引起了有关拍照行为的诸

---

[1] 陈永生，蔡其颖．控制下交付的历史沿革探析［J］．山东警察学院学报，2013（30）：84－89.

[2] 井田良，金光旭，等译．毒品犯罪的对策［A］// 西原春夫．日本刑事法的重要问题（第二卷）．北京：法律出版社，2000：130－144.

[3] 田口守一．刑事诉讼法［M］．7版．张凌，于秀峰，译．北京：法律出版社，2019：122.

多争议，如从日本已有的司法判例中可以看出，无论是在公共区域还是私人领域进行拍照，均会涉及对公民个人隐私权的侵犯。对于私人领域而言，虽然公共区域对公民隐私权的侵犯程度相对较低，但也需要在满足必要性、紧急性、适当性的条件下才可以进行拍照，而关于“现行犯”是否属于在公共区域拍照的必要条件，后来的判例则采取了否定性态度。[1] 一般而言，允许照相的情况也允许录像，但对于“预计犯罪将要发生时”是否属于允许录像，就涉及要放宽拍照时证据保全的必要性和紧迫性的条件。

（2）提取体液。

在日本，提取体液具体包括提取尿液、采集血液以及采集呼吸等。在毒品犯罪案件侦查中，日本警察主要采用的是尿液提取法，因为吸食毒品在日本属刑事犯罪，在无法判定涉毒嫌疑人是否吸食毒品的情况下，可以采用尿液提取法证明。事实上，毒品在尿液中残留的时间能达两周之久，如果能在这个时间段内提取的尿液中检测到毒品成分，就能证明涉毒嫌疑人具有吸食毒品的行为。但是，在涉毒嫌疑人不同意的情况下，是否可以强制进行取尿、该行为是否会严重侵犯公民的隐私权等问题在日本一直饱受争议。依据《日本刑事诉讼法》第 218 条之规定，检察官、检察事务官或司法警察人员在持有法院核发司法令状的条件下，可以搜查和控制犯罪嫌疑人的身体。对此，日本通说的学术观点认为，即便是在持有司法令状的条件下，对犯罪嫌疑人身体的检查也应当仅限于外部检查，而强制取尿无疑属于侵入式检查，并无合法适用之依据。从日本已有的司法判例中可以看出，日本司法

---

[1] ［日］京都地决平成 2－10－3 判例时报 1375－143. 该判例认为在医院走廊等处拍摄聚众准备凶器罪的犯罪嫌疑人是允许的。转引自［日］田口守一. 刑事诉讼法［M］. 7 版. 张凌，于秀峰，译. 北京：法律出版社，2019：122－123.

实务界对该种行为持许可态度，认为只要在司法令状中明确记载并按照医生认可的适当方法进行即可，况且尿液是必须排出体外的且没有价值的物体，属于《日本刑事诉讼法》第 218 条规定的范围之内。

（3）监听通信。

依据《日本通信监听法》第 2 条第 2 款之规定，监听通信是指不经通话当事人同意而听取其通话内容的技术侦查行为。在毒品犯罪案件侦查中，鉴于监听通信可以迅速获取涉毒情报信息、摸清涉毒网络架构、研判涉毒嫌疑人的行动轨迹等，对于整个案件的侦查工作极为重要，因而使用频率相对较高。早在《日本通信监听法》颁布以前，日本就已经采用技术监听的方法进行毒品犯罪案件侦查工作，但基于其严重的人身侵权性，日本实务界主要使用勘验证进行电话监听。1999 年《日本通信监听法》修改时，明确将毒品犯罪案件列入通信监听适用范围，为此类侦查方法在毒品犯罪案件侦查中的运用提供了合法依据。此外，《日本刑事诉讼法》也相应地增设了第 222 条第 2 款，明确规定秘密监听必须由法律另行规定，并由此制定《为犯罪侦查而监听通信的法律》，由此，凡通信监听，必须依照《日本通信监听法》之相关规定。[1] 然而，当时的《日本通信监听法》规定过于严格，缺乏实践可操作性，严重地阻碍了犯罪案件侦查工作的顺利开展。2016 年修改的《日本通信监听法》对监听通信进行大幅修改，使其更具有实践可操作性，该法律对监听适用的案件范围、启动的程序、操作的程式、监听的时效、监听的监督以及事后救济等均作出详细规定。同时，为了顺应信息化时代的发展，还适时在《日本通信监听法》

---

[1] 田口守一．刑事诉讼法［M］．7 版．张凌，于秀峰，译．北京：法律出版社，2019：133.

中引入密码技术，对使用特定计算机实施监听通信的程序进行规定。然而，《日本通信监听法》也同样面临着立法依据上的违宪之嫌、立法目的上的非正当之疑等诸多问题。❶

第五节　域外毒品犯罪案件侦查方法比较与启示

通过美、英、德、日四国毒品犯罪案件的侦查方法对比，可以看到，基于毒情形势、政治制度、法律传统、文化信仰等因素的不同，各国在毒品犯罪案件侦查中的侦查思维方法、侦查策略手段都存在或多或少的差别，但从总体上讲，随着毒品犯罪对非传统安全领域产生威胁的不断加大，各国都十分重视对毒品犯罪的打击。通过综合分析各国的毒品犯罪案件侦查方法，探寻其中先进的经验做法，能为我国毒品犯罪案件侦查方法的完善提供宝贵经验。

一、域外毒品犯罪案件侦查方法的比较

（一）侦查目的观

从各国禁毒立法可以看出，基于法律传统、文化信仰的不同，英美法系国家和大陆法系国家在毒品犯罪案件侦查目的的确立上呈现出各自鲜明的特点。英美法系国家遵循当事人主义诉讼模式，也可称为对抗式的诉讼模式，其更突出的是控辩双方的对抗，而最终的诉讼结果也是在控辩双方相互对抗中产生的。鉴于此，英美法系国家诉讼程序内的侦查目的主要以公诉准备观为基础，更

---

❶ 李牧，王和文．日本《通信监听法》之检讨及其启示［J］．武汉理工大学学报（社会科学版），2017，30（2）：97－102.

倾向于侦查独立观，在实现查明涉毒案情、抓获涉毒嫌疑人之目的的同时，亦十分看中对犯罪嫌疑人人权的保障，该种目的观称为权利保障型目的观。以美国为例，受权利保障型目的观的影响，美国法院对违法诱惑侦查采用实体抗辩的方式，即所谓的圈套抗辩。因此，缉毒人员在实施诱惑侦查时，十分重视对诱惑侦查启动条件、行为方式的限制。与英美法系国家不同，大陆法系国家遵循职权主义诉讼模式，整个诉讼程序是由司法机关尤其是由审判机关主导的一种诉讼模式，其最终的诉讼结果也是法官在综合考量全案证据后最终作出。有鉴于此，大陆法系国家诉讼程序内的侦查目的主要以公诉准备观为基础，更倾向于审判准备观，强调的是法官的最终裁决权，而侦查机关查明案情、收集证据的目的最终都是为法庭所服务的，该种侦查目的观称为犯罪惩罚型目的观。以德国为例，受犯罪惩罚型目的观的影响，德国法院对违法诱惑侦查主要采用“减刑说”的方式，通过折减涉毒嫌疑人的刑期实现对其的“补偿”，对德国缉毒人员来说，这无疑从另一方面肯定了其行为的合法性，造成了诱惑侦查实践使用的随意性。因此，对倾向于审判准备观的大陆法系国家而言，只能通过制度本身的后期建构来实现对犯罪嫌疑人的人权保障。此外，在侦查方法设计运用的过程中，各国均认识到了毒品犯罪供求平衡的内在规律，从供方和需方两方面实现对毒品犯罪的双向打击。与美国和日本不同，英国一直以来受“危害最小化”“治疗代替刑罚”的禁毒理念影响，并未对吸毒人员科以刑罚，对毒品犯罪供方市场的打击主要是通过从吸毒人员中挖掘涉毒线索、替代治疗的方式进行。相较而言，德国在后期的毒品犯罪案件侦查中，也逐渐受到“危害最小化”原则的影响，采用与英国类似的方法，通过从吸毒人员中挖掘涉毒线索，在特定地点吸食毒品，成立麻醉品注射室的方式来实现对毒品犯罪的打击。

（二）侦查策略手段

从各国采用的策略手段可以看出，在毒品犯罪案件侦查过程中，各国普遍采用秘密侦查方法以实现对毒品犯罪的打击。在诱惑侦查的使用过程中，英美法系国家并未对诱惑侦查适用的案件范围予以限制，主要是用司法判例或内部规定的形式对诱惑侦查的程度予以规制，但就诱惑侦查行为评判标准和违法性制裁上，美国与英国略有所不同，美国采用主客观混合型评判标准与实体抗辩（圈套抗辩）的方式对诱惑侦查予以规制，英国主要采用客观性评判标准和程序性制裁方式对诱惑侦查予以规制。相较于英美法系国家，大陆法系国家对诱惑侦查适用的案件范围进行了严格限制，规定诱惑侦查仅适用于重大复杂的案件，尤其是德国，甚至在立法中采取列举的方式对卧底警探采用诱惑侦查的案件类型进行了列举，但无论如何，毒品犯罪案件均是各国诱惑侦查当然适用的案件类型。在线人、卧底的使用过程中，无论是英美法系国家还是大陆法系国家，都普遍将线人、卧底手段运用于毒品犯罪案件侦查中。综观各国有关线人、卧底适用的法律规定、司法判例或内部规定，其中美国司法部颁布的有关线人使用的内部准则《秘密线人使用准则》、英国 RIPA 法令对卧底侦查的相关立法规定以及《德国刑事诉讼法典》和司法部与内务部联合制定的《运用线人与卧底警察共同纲领》中有关线人、卧底使用的立法规定均值得我国学习借鉴。在秘密监控（类似我国的技术侦查）的使用过程中，各国也普遍将该类侦查方法广泛运用于毒品犯罪案件侦查中。综观各国秘密监控的使用方式，可以看出，各国均对秘密监控的授权主体、适用原则、实施程序（如启动条件、适用期限）、种类手段，尤其是现代信息技术手段的使用等进行了明确规定，可见世界各国普遍重视对公民隐私权的保护。就控制下交付而言，随着 1988 年、2000 年和 2003 年三大联合国公约的达成，控制下交付已经成为国际上侦破毒品犯罪案件所采用的主要侦查方法，并在世界各国普遍得到应用。

二、域外毒品犯罪案件侦查方法的启示

毒品犯罪问题对世界各国均造成了严重的威胁，尽管不同国家在政治制度、法律传统、经济条件、文化背景等方面存在差异，但在预防和打击毒品犯罪这一问题上的态度是高度一致的。近年来，随着经济全球化步伐的不断加快，世界各国的毒品犯罪集团或团伙都与境外的贩毒集团存在或多或少的联系，其在组织结构、犯罪手法、联络方式等方面均表现出许多共同点，这就为我们学习和借鉴其他国家关于毒品犯罪案件侦查中的经验方法奠定了基础。通过对立法体系较为先进的美、英、德、日四国毒品犯罪案件侦查方法的研究对比，笔者认为其中的一些侦查思维方法和侦查策略手段对我国毒品犯罪案件侦查方法的完善有一定的借鉴意义。

（一）优化侦查目的观

受纠问式诉讼结构的影响，我国毒品犯罪案件侦查践行犯罪惩罚型目的观，一直将打击与控制毒品犯罪作为侦查的主要目的[1]，而毒品犯罪案件侦查中的“严打”思想正是这种侦查目的观的具体表现。纵观我国改革开放以来的毒品犯罪案件侦查方法，无论是宏观侦查方法的运用，还是具体侦查措施方法的设计运用，无不体现出“严打”的指导思想。毋庸置疑，以打击犯罪为目的的侦查目的观确实在一定程度上发挥了有效遏制我国毒品犯罪发展态势的作用，但与此同时，仅以打击犯罪为目的侦查目的观也带

[1] 万毅．侦查目的论——兼评我国侦查程序改革［J］．中国检察官学院学报，2003(1)：94－103.

来了侦查方法设计运用中侦查价值的偏移以及相关侦查制度的粗陋和缺失，造成法律效果和社会效果的正当性危机。为此，合理的移植和借鉴英美法系国家权利保障型目的观似乎可以从一定程度上消解我国犯罪惩罚型目的观所带来的人权受限的不良后果，改变我国毒品犯罪案件侦查方法设计运用中侦查目的的单一化倾向，实现毒品犯罪案件侦查过程中法律效果与社会效果的统一。

（二）强化秘密侦查法律规制

秘密侦查是我国毒品犯罪案件侦查中常用的侦查策略手段，一直以来，由于缺乏相应的法律规制，我国实践中对秘密侦查的使用一直都较为随意，直至2012年《刑事诉讼法》出台，才正式以立法的形式对秘密侦查进行了相应的规定。就目前而言，我国秘密侦查的使用依旧存在启动条件客观性标准缺失、实施的法律依据匮乏、适用案件范围尚不具体、使用手段法律规定匮乏等诸多突出问题，造成了毒品犯罪案件侦查中秘密侦查方法运用的部分失范。通过考察域外有关秘密侦查的相关规定可以看出，域外对秘密侦查的规定大都集中在制定法、司法判例以及内部规定之中，其中美国关于控制下交付启动条件、实施程序等方面的法律规制，美国、德国有关线人的选任、线人的批准与监管、线人的身份保密、线人的终止使用、线人参与犯罪的处罚与豁免等内部规定及相关司法判例，英国、德国对卧底侦查适用案件范围、适用条件、适用原则、批准程序、卧底侦查的身份保密、事后告知义务等方面的制定法规制和司法判例，以及美、英、德、日四国有关诱惑侦查的相关规定，均值得我国学习借鉴。

（三）重构技术侦查界定标准

英国著名政治哲学家洛克在其论著中指出，“人们参加社会的重大目的是和平地和安全地享受他们的各种财产，而达到这个目的的重大工具和手段是那个社会所制定的法律”。[1] 在我国，基于《宪法》第二章对公民基本权利和义务的保护，将技术侦查视为侵犯公民个人重要权利的措施方法，因而将技术侦查严格限制在法律规定的领域内是应该且必要的。纵观国内有关技术侦查的相关立法，我国现行立法中对技术侦查所涉具体种类手段的界定标准大都遵循传统物理意义上的评判标准，将某技术侦查行为是否会对被调查人的“私人生活安宁”“私人信息”等传统隐私权造成侵害作为技术侦查的界定标准，如邮件检查、秘拍、秘录等。然而，随着现代信息技术的飞速发展，当代技术手段所具有的权利扩张性、行为脱域性等特点均使其对公民信息的利用早已从浅层分析转化为深层挖掘，整个公安数据的收集也整体呈现出扁平化的数据收集模式，对公民隐私权的侵犯也早已转化到精神人格权的侵犯。例如，对互联网生活安宁、个人数据信息不被非法收集和利用等权利的侵犯就位列其中。在此背景下，我国技术侦查的界定标准依旧遵循“物理侵入式”的判断标准，并以此作为某种信息化侦查手段是否需要刑事立法特别予以授权规制的依据，难免会造成法律视域的盲点和相关规范的错位，[2] 加之我国侦查程序控制自身的内卷化特征以及现有技术侦查法律规制的不完善，不禁让人产生技术侦查会被任意滥用的隐忧。通过考察域外关于秘密监控的相关规定可以看出，美国将第四宪法修正案中关于公民人身权利的保护条款置于现代的信息化侦查手段之中，改变了以往“物理侵入”式判断标准，以“合理隐私期待为标准”作为某种秘密监控手段是否对公民隐私造成侵犯的评判标准；英国 2000 年 RIPA 法令和 2016 年的《调查权力法案》对利用现代科技手段开

---

[1] 洛克. 政府论（下篇）[M]. 叶启芳，瞿菊农，译. 北京：商务印书馆，2017：83.

[2] 马方，吴桐. 信息化侦查的维度冲突与法律规制 [J]. 中国人民公安大学学报（社会科学版），2017（2）：42－51.

展秘密监听的行为进行的严格限制亦可以作为英国对公民隐私权是否造成侵犯的评判标准。在大陆法系国家，德国的修正“门槛理论”以及日本提出的“侵害重要利益说”均对利用现代科技信息手段开展秘密监控行为的合理界定提出了明确的指引。上述秘密监控的评判标准似乎都可以为我国重构技术侦查的界定标准提供有益借鉴，更能进一步明确我国毒品犯罪案件侦查中现代技术侦查所适用的种类和手段。

第六章

>>> 毒品犯罪案件侦查方法的完善

侦查方法是由侦查目的、侦查途径、侦查策略手段、侦查工具及其操作程式等要素组成的。毒品犯罪案件侦查方法作为侦查方法的子系统，侦查方法所具有的可选择性、多样性、开放性、动态性等特点亦是毒品犯罪案件侦查方法的特点。如前所述，目前我国毒品犯罪案件侦查方法运行中所表现出来的秘密侦查运用存在失范、侦查方法运行模式单一、侦查方法运行不畅等现实困境严重影响了对毒品犯罪打击实效的取得。为此，笔者在充分掌握我国毒情形势及毒品犯罪案件侦查方法发展趋势、运行现状、运行模式、运行环境、策略手段以及运行困境后，通过考察域外毒品犯罪形势、禁毒立法以及毒品犯罪案件侦查方法的相关经验后，结合毒品犯罪案件侦查方法的理论基础，从毒品犯罪案件秘密侦查制度的完善、侦查方法的高效运行以及侦查方法的优化三个方面展开论述，以期构建出一套相对完善的、科学高效的毒品犯罪案件侦查方法体系。

第一节　完善毒品犯罪案件秘密侦查制度

长期以来，我国毒品犯罪案件秘密侦查方法的运用一直处于实践先行的现实之中，有关秘密侦查的立法大多零碎地体现在非基本法、部门规章、规范性文件中。已有立法的外延模糊、程序缺失造成秘密侦查措施方法常常游离于法律框架之外，成为时代发展的不和谐之音。[1] 2012 年《刑事诉讼法》首次以基本法的形式对秘密侦查进行了规定，从一定程度弥补了秘密侦查立法零碎、散乱的局面，但也由此催生了三个问题：一是秘密侦查措施方法特别授权条款数量不足；二是秘密侦查措施配套立法不足；三是特情、卧底使用管理体制缺失。为此，笔者在充分学习借鉴域外有关秘密侦查相关规定的基础上，试图从细化秘密侦查特别授权条款、完善秘密侦查配套立法、构建特情、卧底使用管理体制三个层面上，对我国毒品犯罪案件侦查中秘密侦查制度的完善进行探讨，为毒品犯罪案件秘密侦查的高效、有序运行提供参考。

一、细化秘密侦查特别授权条款

长期以来，秘密侦查方法都是毒品犯罪案件侦查中主要采用的侦查措施方法，也是毒品犯罪案件侦查方法自身特殊性的主要体现。第十三届全国人民代表大会第六次会议通过的《关于修改〈中华人民共和国刑事诉讼法〉的决定》，在第二编第八节中对秘密侦查的相关条款进行了规定。但是，在立法技术上，2018 年《刑事诉讼法修正案》仅对技术侦查、隐匿身份侦查（具体包括卧底侦查、刑事特情等）、控制下交付这类秘密侦查方法采取了“概括授权”的方式，对该类秘密侦查方法的启动条件、实施法律依据、适用的案件范围进行了笼统规定，致使侦查实践中秘密侦查使用的随意性问题凸显。为此，笔者结合我国毒品犯罪案件侦查中秘密侦查使用的突出问题，通过考察域外有关秘密侦查的相关

---

[1] 俞波涛．秘密侦查问题研究［M］．北京：中国检察出版社，2008：2.

法律规定，从增加秘密侦查特别授权条款数量、细化秘密侦查特别授权条款规范以及确立秘密侦查实施的基本原则三方面展开论述，以求强化对毒品犯罪案件侦查中秘密侦查方法适用的法律规制。

（一）增加秘密侦查特别授权条款数量

从我国现行《刑事诉讼法》条文可以看出，现行《刑事诉讼法》仅对技术侦查、隐匿身份侦查、控制下交付这类在毒品犯罪案件中经常使用的秘密侦查措施方法进行了特别授权规定，对于缉毒实践中经常使用的诸如阵地控制、公开查缉等措施方法并未作出特别授权规定。从立法所欲规范之事物领域来看，秘密侦查方法操作程序的灵活性、多样性、流动性及面向未来性等诸多特点决定了其适用种类的丰富性。若将各类秘密侦查方法均在刑事诉讼立法条文中予以规制难免不太现实，更会造成法律条文的负累，剥夺了侦查方法实践操作的自由空间。但是，对于毒品犯罪案件侦查中对公民权利干预较严重的秘密侦查方法，如长期跟监、调取手机通联记录等措施方法并未在《刑事诉讼法》中以特别授权的方式予以规定，使缉毒人员在使用该类措施方法时，不得不援引现行《刑事诉讼法》第54条之规定（侦查概括性条款）作为侦查取证行为之法律依据，但这也为实践操作中秘密侦查方法的滥用留下“合理”空间。为有效规避上述现象，需要结合毒品犯罪案件侦查的实际情况，在《刑事诉讼法》中增订相应的特别授权条款，尤其是对于目前缉毒实践中频繁使用的如长期跟监、调取手机通联记录等强制性侦查措施，应在《刑事诉讼法》中就其启动的条件、实施的程序、适用的具体情况等作出相应的规定。这样一方面可以改变实践中部分对公民权利产生严重干预的秘密侦查方法无法可依的现实状况；另一方面可以从一定程度上限缩缉毒人员援引侦查概括条款的范围。[1]

（二）细化秘密侦查特别授权条款规范

2018 年《刑事诉讼法》采用的“概括性”授权方式对技术侦查、隐匿身份侦查、控制下交付这类在毒品犯罪案件侦查中经常使用的秘密侦查措施方法进行了特别授权规定，但相关立法规定的模糊笼统却严重地减损了秘密侦查实践适用的可操作性，造成缉毒实践中适用的随意性。为有效规避现行立法所带来的不良后果，就需要在立法技术上作出如下几方面改变。

（1）明晰隐匿身份侦查的外延。现行《刑事诉讼法》第 153 条第 1 款仅对隐匿身份侦查（侦查学意义上的乔装侦查）的启动条件、实施程序等进行了笼统的规定，并未对隐匿身份侦查的措施手段范围予以规定，致使该类措施方法在实践适用中产生诸多争议，如诱惑侦查是否应作为一项法定侦查措施而涵盖于隐匿身份侦查之中、控制下交付是否属于隐匿身份侦查之特别条款而需要同时适用现行《刑事诉讼法》第 153 条第 1 款和第 2 款之规定等问题均是理论界和实践界争论的焦点。

综观域外有关诱惑侦查的相关规定，无论是作为英美法系国家的美国和英国，还是作为大陆法系国家的德国和日本，都通过各种形式对实践中诱惑侦查的使用作出了限制性规定。为此，我国需对现行《刑事诉讼法》第 153 条第 1 款进行技术改良，基于隐匿身份侦查行为对适用主体身份伪装的本质属性，一方面将同样具有欺骗特征的诱惑侦查涵盖其中，另一方面将更突出监控特征的控制下交付排除在外。需要说明的是，将诱惑侦查涵盖于隐匿身份侦查之中将会带来实践适用的一系列问题，诸如我国毒品犯罪案件侦查中所采用的“犯意引诱”“数量引诱”“双套引诱”

---

[1] 艾明．刑事诉讼法中的侦查概括性条款［J］．法学研究，2017（4）：155－172.

均会因此而遭受质疑，需要在立法条文中对诱惑侦查的合法性界限予以规制，采取分离式混合标准：诱惑侦查行为导致涉案相关人员产生犯罪意图或者提供了足以使普通人实施犯罪的非正常机会即认定为该行为违法。同时，在后续的配套立法中对诱惑侦查的适用范围、适用原则、启动方式等进行重新设计。[1] 可以预见的是，随着毒品犯罪的不断演变，有关诱惑侦查的新的判断因素还将继续出现，这就需要司法人员不断总结经验，并辅之以指导案例的形式对该行为的具体评判提供指引。

（2）明晰技术侦查概念的外延及界定标准。现行《刑事诉讼法》第 150 ~ 152 条仅对技术侦查适用的案件范围、启动的条件、实施的程序、适用期限等作出了笼统的规定，并未对技术侦查所涵盖的具体的种类手段予以明确规定，致使毒品犯罪案件侦查中技术侦查的使用缺乏相应的法律规制，极易对公民的隐私权产生侵犯。综观美、英、德、日四国有关技术侦查的相关立法及执法实践，其均对技术侦查所涵盖的种类手段予以了明确规定，尤其是英国，2016 年《调查权力法案》针对通信监控对公民权利侵犯程度的不同，明确将其划分为通信截获、通信获取以及通信存留三种行为，以体现英国对公民隐私权保护的立法态度。与此同时，为有效避免信息技术的飞速发展所带来的技术侦查手段实践适用的权力扩张性、行为脱域性，各国均对利用信息化技术实施技术侦查的行为标准进行了规定，如美国司法实践中适用的“合理隐私期待”，英国 RIPA 法令将利用电脑数据获取情报信息的通信监控手段单列一章，《德国刑事诉讼法典》对“栅网追缉”“数据比对”这类利用信息化手段开展技术侦查的行为予以了明确规定，《日本通信监听法》适时引入密码技术对使用特定计算机实施监听

[1] 程雷．诱惑侦查的程序控制［J］．法学研究，2015，37（1）：154 - 169.

通信的程序进行的规定，均彰显了各国对利用现代信息化手段开展技术侦查的立法态度。为此，我国可以充分借鉴上述国家的先进经验，在立法技术上采用概括与列举并用的方式将密拍密录、邮件检查、电子侦听、电话监听、电子监控等秘密侦查方法明确涵盖于技术侦查之中，并顺应时代发展，将利用现代信息化手段开展的“棚网追缉”“数据对比”等对公民权利可能形成新的威胁的技术侦查手段融入其中。这样一方面可对技术侦查的手段予以明确，另一方面可以以立法的形式实现对我国技术侦查界定标准的重构。

(3) 对隐匿身份侦查、控制下交付、技术侦查的立法规定进一步予以细化。通过学习借鉴域外的相关经验做法，一方面去除唯主观论的启动之标准，可采取列举与概括授权相结合的方式明确案件适用范围或者采用引入最后手段原则等评判标准强化启动条件的客观性评价标准；另一方面对该类秘密侦查措施使用的批准程序及审批机关的级别予以明确规定，同时对该类秘密侦查方法实施的期限、违法行为法律后果及相应的救济方式等进行规定，以实现对毒品犯罪案件侦查中秘密侦查方法适用的法律规制。

(三) 确立秘密侦查实施的基本原则

依据现行《刑事诉讼法》之规定，隐匿身份侦查的启动条件为“必要的时候，经公安机关负责人决定”、控制下交付的启动条件为“根据侦查犯罪的需要”、技术侦查的启动条件为“根据侦查的需要，经过严格的批准手续”，其中均将秘密侦查的启动权让渡于侦查机关，且带有浓厚的主观色彩，致使毒品犯罪案件侦查中秘密侦查启动的随意性问题凸显。为此，可借鉴域外有关秘密侦查立法的相关经验，在《刑事诉讼法》中对秘密侦查实施的基本原则予以确立，以此来弥补秘密侦查相关启动条件在立法技术上的缺陷。

(1) 重罪原则。在立法中明确将秘密侦查适用的案件范围限定为重大且复杂的犯罪案件，并对“重大”的范围作出明确界定，这样一方面能有效规避毒品犯罪案件侦查中秘密侦查适用案件范围宽泛的现实问题，另一方面又能与各国的立法精神相一致。

（2）最后手段原则。与一般侦查方法不同，秘密侦查运用往往具有高风险性、高成本性以及人身侵权性，因此，只有在一般侦查方法难以达到既定侦查目的的情况下才会采用秘密侦查方法，这也是各国普遍达成的共识。如《德国刑事诉讼法典》将秘密侦查适用的条件限定为“其他方式侦查成效渺茫或十分困难的情形”，又如英国内政部以及海关部门联合发布的《秘密行动实践法令》将秘密侦查适用的条件限定为“其他手段不能到达预期的效果”。如此看来，确立和坚持最后手段原则是有效规避毒品犯罪案件侦查中秘密侦查方法适用随意性的重要途径。

（3）适当使用原则。适当使用原则即“酌情使用原则”，是指秘密侦查的启动或实施必须依据侦查情势予以判断，既不可逾越法律的规定诱使他人犯罪或采用可能危害公共安全或重大人身危险的方法，也不可超出一般人所能容忍的合理范围。如英国对诱惑侦查行为的合法性判断标准就遵循客观评判标准，以某种行为是否会导致一个假定之人实施某项犯罪作为其判断标准。该原则的确立可以使缉毒机关在秘密侦查启动前就对其合法性进行判断，避免秘密侦查方法实践适用的随意性。

二、完善秘密侦查配套立法

严格意义上讲，配套立法并不是一个严谨的学术名词，但在中华人民共和国立法史上很早就出现了，是我国法制体系的一大特色，对基本法的有效实施、法律体系的和谐统一、依法治国的健康发展起着极为重要的作用。[1] 在毒品犯罪案件侦查中，秘密侦

---

[1] 王压非．我国配套立法问题研究［M］．北京：法律出版社，2014：3.

查方法在实践运用过程中会遇到诸多问题，如若在《刑事诉讼法》条文中逐一对其进行列举，难免会造成法律条文的负累，从立法技术上来讲也是不现实的，更会从一定程度上剥夺秘密侦查方法实践适用的空间，造成法律适用的僵化。因此，采用配套立法的方式可以很好地解决上述问题。相对于上位法而言，秘密侦查的配套立法主要是由具备执法权的公安机关制定，其具有较强的灵活性与涉及领域的专业性，可以很好地弥补上位法立法规定的不足，并在不违背上位法的基础上制定出更具可操作性的细化规定，以缓和毒品犯罪案件秘密侦查实施过程中因《刑事诉讼法》相关法律条文的模糊笼统、专业性不足而引发的诸多实践冲突。[1]

（一）完善特情、卧底运用相关法规

为有效弥补《刑事诉讼法》对刑事特情、卧底侦查立法规定的模糊笼统，1984 年和 2001 年公安部分别颁布的《刑事特情侦查工作细则》《刑事特情工作规定》以及 2012 年《公安机关办理刑事案件程序规定》中分别对刑事特情、卧底侦查的实际运用进行了相关规定，但其中依旧存在重复与泛化问题，并未与上位法之间形成系统协调的法律规制框架。为进一步完善特情、卧底运用的配套立法，应从以下两方面对上述部门规章进行完善：一是细化《刑事特情侦查工作细则》和《刑事特情工作规定》中的相关规定，充分学习借鉴美国司法部颁布的《秘密线人使用准则》和英国司法部与内务部联合制定的《共同纲领》的相关内容，在我国既有法律框架下，进一步对刑事特情的批准与监控、刑事特情使用的案件范围、刑事特情的身份保密、刑事特情的终止使用、刑事特情使用的基本行为准则、刑事特情参与犯罪的处罚与豁免、

---

[1] 马方，吴桐．信息化侦查的维度冲突与法律规制［J］．中国人民公安大学学报（社会科学版），2017（4）：155－172.

特情使用的监督等作出详细规定，克服内部规定中的宏观与泛化，进而对毒品犯罪案件侦查中刑事特情使用予以规制；二是进一步完善《公安机关办理刑事案件程序规定》第 262 条中对隐秘身份侦查的相关规定，对条文中隐匿身份启动的条件进一步作出明确解释，限制公安机关启动的随意性。同时，充分学习借鉴英国 RIPA 法令与《德国刑事诉讼法典》中的相关内容，在我国既有法律框架下，对卧底侦查适用案件的范围、授权主体、授权条件、授权程序、授权期限、取证方式、卧底违法犯罪行为的处罚与豁免、卧底侦查的监督等作出详细规定，克服法律规定的重复与泛化，进而对毒品犯罪案件侦查中卧底侦查措施方法的应用予以有效规制。

（二）完善控制下交付相关法规

为有效弥补《刑事诉讼法》对控制下交付立法规定的粗浅与笼统，2012 年《公安机关办理刑事案件程序规定》中对控制下交付实施的审批主体作出了相应的规定，即“县级以上公安机关负责人”。但是，对于跨区、跨县以及跨境实施控制下交付如何批准、管辖权如何界定、实施程序如何监督等问题尚未作出具体规定，相关配套立法规定中的这种空泛与重复致使控制下交付在具体运用中依旧存在诸多困境。为此，应从如下两方面探寻完善控制下交付相关法规的合理路径：一是充分学习借鉴美国关于控制下交付的执法理念和执法规范，在《公安机关办理刑事案件程序规定》之中细化控制下交付的启动条件、明确控制下交付的批准机关与管辖问题、强化控制下交付组织实施的法律监督；[1] 二是充分吸纳公安部禁毒局及地方公安机关制定的有关控制下交付实施的规范性文件，如《公安机关禁毒业务工作规范》《公安机关实施控制下交付具体程序规定》等，在《公安机关办理刑事案件程序

---

[1] 岳佳．控制下交付组织实施中诸问题之考量［J］．犯罪研究，2018（8）：55.

规定》中进一步对控制下交付组织实施的程序性规范、合法性标准、组织保障进行细化规定，进而对毒品犯罪案件侦查中控制下交付的组织实施予以有效规制。

（三）细化技术侦查相关法规

为有效弥补《刑事诉讼法》对技术侦查立法规定的模糊笼统，2012 年《公安机关办理刑事案件程序规定》第 254 ~ 261 条分别对技术侦查使用的案件范围、种类手段、审批机关、使用期限、行为规范等作出了相应的规定，但该规定第 254 条第 5 款对“严重危害社会犯罪案件”的相关规定、第 255 条对技术侦查所含种类手段的相关规定均犯了逻辑不明、语焉不详的立法技术错误，对毒品犯罪案件侦查中技术侦查的使用难以起到明确的指引作用。为此，应从以下两方面对技术侦查的相关法规予以细化：一是修改该规定中第 255 条第 5 款之规定，去除“可能判处 7 年以上有期徒刑”的规定，在“其他严重危害社会的犯罪案件”后增设“可能诱发杀人、抢劫、强奸、洗钱等其他犯罪行为”之规定，以修正法律条文中的逻辑错误；二是在上位法还未对技术侦查手段作出具体规定之前，充分借鉴域外之相关经验以及 2016 年“两高一部”发布的《关于办理刑事案件收集提取和审查判断电子数据若干问题的规定》中关于技术侦查的相关规定，将 2012 年《公安机关办理刑事案件程序规定》中第 255 条中对技术侦查措施的规定，即“记录监控、行踪监控、通信监控、场所监控等措施”进一步细化为“秘拍秘录、长期跟监、邮件检查、电子侦听、电话监听、电子监控以及棚网追缉、数据对比等利用特定计算机实施的可能对公民的行踪、记录、通信、物理场所及虚拟空间产生严重侵犯等措施”，并效仿英国，依据对公民隐私权侵犯程度的不同，将有关通信监控中的通信截获与通信获取分为通信截获、通信获取以及通信存留三大类，并分别对其予以立法规制。这样一方面为上位法日后的修正提供前期经验借鉴，另一方面也对实践中尤其是毒品犯罪等重大犯罪案件侦查中技术侦查的规范性使用提供明确的法律指引。

三、构建特情、卧底使用管理体制

长期以来，特情、卧底一直是我国毒品犯罪案件侦查中极为重要的措施手段，但至今为止，我们并没有统一的、具有普适性的特情、卧底的使用管理体制，致使实践中特情、卧底的使用管理制度松散，适用混乱，不利于对特情、卧底人员合法权利的保护。为此，作者着重从刑事特情招募与管理、卧底选任与管理两方面着手，试图建构起系统科学的、切实可行的特情、卧底使用管理体制。

（一）构建刑事特情招募管理体制

我国侦查实践中特情人员数量相当庞大，据公安部门统计，所有刑事特情人员中，80% 是没有前科劣迹的“红色特情”，20% 是有前科劣迹的“灰色特情”，[1] 但是，在毒品犯罪案件侦查中，基于毒品犯罪手段的诡秘难辨性、犯罪组织层级的单向联系性以及犯罪对象的“物”的特殊性等特点，相较于其他犯罪而言，“灰色特情”的占比相对较高，加之刑事特情自身的易专向性等特点，在为缉毒人员带来重大效益的同时，也伴随着巨大的风险。如美国学者格雷·T. 马克斯所言：“如果告密者是双料间谍，或者由于心理、自我保护的本能或者自身能力不足而变得不可靠，在公开了的案件里，大约有 1/4 出现了告密者打入犯罪团伙的现象。”[2] 构建刑事特情招募、管理体制不仅可以有效降低毒品犯罪案件侦

---

[1] 常勇，王英伟．特情与刑事侦查［M］．哈尔滨：哈尔滨出版社，2000：49.

[2] 格雷·T. 马克斯．高技术时代与社会秘密实践——美国国内密探工作研究［M］．古月生，等译．北京：中共党史出版社，1993：78.

查中特情使用的风险，也可以从一定程度上保障特情人员的基本权利。首先，应建立特情人员招募审查与备案机制。特情招募是特情使用的前提，将直接决定后期刑事特情使用的最终效果。因此，缉毒人员在从有前科劣迹的或具有特殊职业的长期混迹于毒品交际圈的人员中招募特情人员时，应着重从是否具备良好的个人品德、是否诚实可靠、是否真诚参与、是否服务热忱、是否具备发展为尖子特情的潜力等方面综合考量，[1] 对决定招募的特情必须进行登记备案，对特情的基本情况如个人信息、家庭住址、家庭成员及关系、个人履历、有无犯罪记录等进行登记注册，以加强对特情的管理。其次，应建立特情信息管理与定期梳理制度，一方面完善对特情人员信息的不断更新，另一方面通过对特情的定期梳理，及时有效地引入高素质的特情、去除问题特情。最后，应制定出规范完善的特情聘用合同，依据各地毒情形势的不同，制定标准的、具有普适性的特情聘用合同，明确缉毒机关与刑事特情的基本权利与义务（如特情人员的薪酬、福利等），尤其应突出对特情人员行为合法性的界定。通过上述措施最终构建起科学、系统、完备的毒品犯罪案件特情招募、管理体制。

（二）构建卧底选任管理体制

随着信息化时代的到来，毒品犯罪集团或团伙所表现出来的犯罪手段的科技化、智能化，犯罪组织成员内部分工的职业化、精细化，犯罪活动的高度隐秘化和犯罪组织结构的复杂性等特点，加大了毒品犯罪案件侦查的难度，一般侦查手段难以发挥应有的效用。卧底侦查基于其隐匿性、侵入性等特点，能快速地打入毒品犯罪集团或团伙内部，获取涉案信息、收集涉案证据、摸清犯

---

[1] 谢佑平，邓立军．台湾地区的“线民”制度［J］．北京：中国人民公安大学学报（社会科学版），2011，27（5）：146 – 156.

罪组织结构网络架构，甚至在特定的情况下还能分化瓦解犯罪组织。但是，该类策略手段的运用在给缉毒机关带来巨大效益的同时，也面临着巨大的风险。在毒品犯罪案件卧底侦查的具体使用中，卧底人员随时都面临着被暴露的风险，稍有不慎就会被发现，甚至发生生命危险；另外，卧底人员在案件侦查中很可能会倾注大量的个人情感，会出现因认同帮派组织而发生角色的转化甚至变节的情况，而卧底侦查自身的“黑箱效应”又使缉毒人员无法及时准确地掌握卧底人员具体行为（如获取线索、收集证据的行为），风险性极高。因此，构建统一的、具有普适性的卧底选任、管理体制尤为重要。首先，应建立卧底人员选任机制。卧底选任是卧底侦查实施的前提，直接影响着整个卧底侦查最终的成功与否。毒品犯罪案件侦查机关在对卧底人员选拔过程中应着重从是否具有坚定的职业信仰、是否具有良好的个人品德、是否具有沉稳干练的个性、是否熟悉毒品及毒品犯罪的行为模式、是否具备毒品犯罪案件侦查的丰富经验、是否具备较强的专业素质和过硬的侦查技能等方面综合考量，选拔出最适宜的人选。其次，进一步完善卧底档案保密制度。卧底档案保密应当由对卧底人员身份的保密延伸至对侦查记录的保密。此外，也可效仿《德国刑事诉讼法典》第 96 条和第 110 条之相关规定，设置需要适度延长卧底人员身份保密时间的具体情况，直至没有危险之日起止。

第二节　推进毒品犯罪案件侦查方法的高效运行

一、深挖毒品犯罪运行规律

正如犯罪与侦查的关系一样，毒品犯罪案件侦查方法的设计运用离不开对毒品犯罪规律特征的分析挖掘，任何侦查方法的开展如若离开了对犯罪规律特征的分析挖掘都会使整个案件侦查工作变得十分错乱与无序。一直以来，在毒品犯罪案件侦查机关的传统观念中，对毒品犯罪规律特征的挖掘大都停留在犯罪主观愿望的利益需求化、犯罪组织结构的垂直集权式、犯罪行为模式的诡秘难辨性等表层分析中，缺乏对毒品犯罪内在规律的深入分析挖掘，不利于毒品犯罪案件侦查工作的顺利开展。为此，笔者充分结合毒品犯罪案件侦查方法运行中的哲学、行为科学、经济学、心理学、社会学的相关原理，转换研究视角，对毒品犯罪现象中的深层规律特征进行了系统的分析和挖掘。

（一）“人格性+意识型”犯罪心理生成机制

从犯罪心理学视角分析，毒品犯罪心理的生成是犯罪主体的内在动因与外在客观诱因综合作用的结果，是毒品犯罪分子不良人格特征在外部环境的刺激下生成犯罪动机，进而转化成犯罪决意的动态发展过程。在毒品犯罪案件中，造成毒品犯罪分子人格缺陷的因素包括先天的遗传因素、生理因素等，但最为主要的则是后天的家庭环境、学校教育、社会阶层和社会文化等因素，如在以贩养吸的青少年群体中，大部分青少年主要是由于家庭因素（如家庭贫困、父母离异、父母疏于管教）而荒废学业，最终走上毒品犯罪道路。在这种缺陷型人格的作用下，毒品犯罪分子在社会化的过程中、在实现个体需求的过程中，就会逐渐产生对社会敌视、轻视甚至蔑视的态度，进而采用社会可能不认可、不接受的方式来满足自己的需要，并在此过程中诱发毒品犯罪的动机、产生犯罪目的、形成犯罪决意，即逐渐生成了毒品犯罪的意识（见图6-1）。如为了实现快速致富的个体需求而从事毒品犯罪、为了满足个体继续享乐而以贩养吸；又如对禁毒立法持有的侥幸与蔑视的心理，从而轻易地走上毒品犯罪的道路。正如法国学者蒲吉兰所言："在我国的边境地区，犯罪者常流行这样一种论调，'一条命换来子孙福'，'前半生坐牢，后半生发财'。"❶ 在充分认识到毒品犯罪心理生成机制后，缉毒人员应从影响毒品犯罪心理生成的内因（如犯罪人的生理状况、个性特征、犯罪经验、年龄、性别以及在共犯中担任的主要角色等）和外因（如犯罪环境的变化、犯罪目标的变化、犯罪工具或手段的变化、共同犯罪中共犯的影响、犯罪地毒品犯罪形势以及国家禁毒刑事政策、禁毒立法的实施现状等）出发，分析挖掘出每个案件中涉毒嫌疑人犯罪心理形成的主要原因，依据这些原因，在侦查方法设计运用中有针对性地开展侦查攻心战，通过不断地说服教育、晓以利害，使其弃恶从善、为我所用，也可有效抑制涉毒嫌疑人犯罪心理的恶性转化。

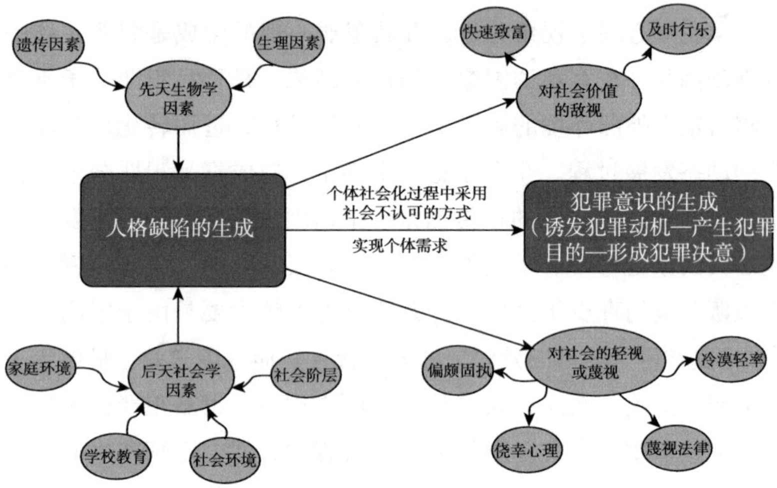

图 6－1　毒品犯罪心理生成机制

注：关于毒品犯罪人格缺陷的生成要素以及个体社会化过程中的表现并不能涵盖实践中的所有因素

---

❶ 蒲吉兰．犯罪致富——毒品走私、洗钱与冷战后的金融危机［M］．李玉平，等译．北京：社会科学文献出版社，2002：15.

（二）“核心＋搭伙”型犯罪组织结构

毒品犯罪集团或团伙的组织结构并不像我们所认为的“科层制组织结构”那样，具有严格等级结构与联络方式的上下级关系。从社会网络分析视域看，毒品犯罪的组织结构类似一张错综复杂的社会关系网，是由一个或数个“核心型”基本网络单元与“搭伙型”基本网络单元的“小团体”组成的，各个小团体之间则通过“中间人”相互连接，共同构建起了毒品犯罪的组织结构（见图6－2）。其中，“核心型”网络单元（见图6－3）主要是由核心首脑、中层骨干和底层马仔组成，有的不需要中层骨干，马仔有的是固定的，有的是临时雇用的，这些成员共同构成了复杂多变的“核心型”网络单元；“搭伙型”网络单元（见图6－4）

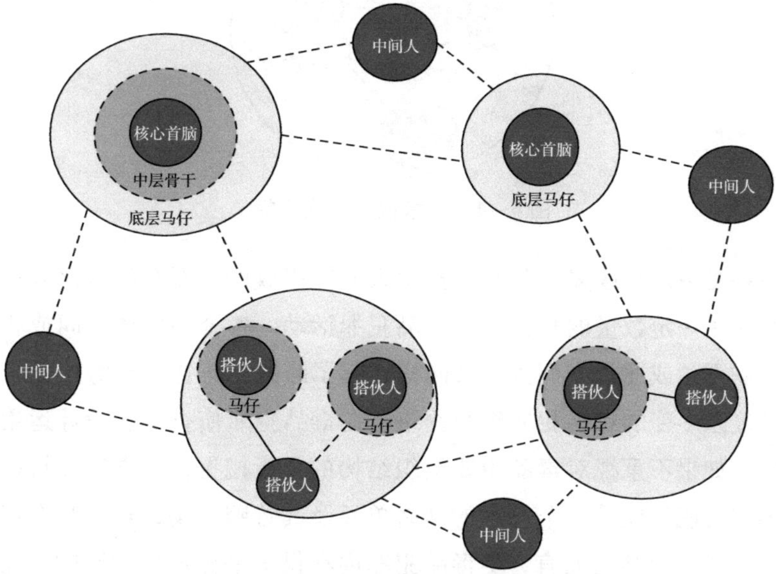

图6－2　毒品犯罪组织结构

注：图中的虚线表示毒品犯罪的基本网络单元可能包括相应的角色或关系，也可能不包括相应的角色或关系

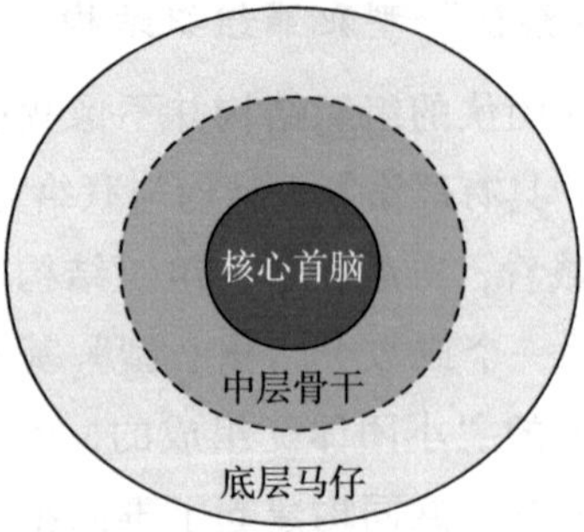

图 6-3 “核心型”网络单元

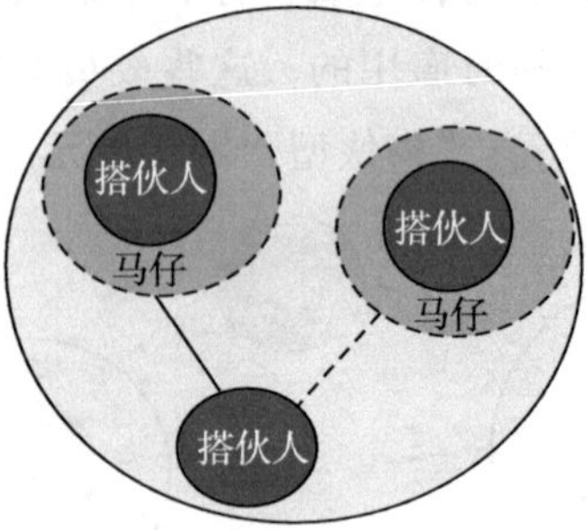

图 6-4 “搭伙型”网络单元

主要是由两个或多个临时的搭伙人共同组成的，而有的搭伙人还会雇用一定数量的马仔从事毒品犯罪活动。各个小团体之间或相互联系，或通过中间人，共同搭建起了跨区、跨省甚至跨国的各种复杂多变的毒品犯罪组织网络。在毒品犯罪侦查方法设计运用中，如果不重视对毒品犯罪组织结构的分析挖掘，缉毒机关打掉的很可能仅仅是一个基本的网络单元及其首脑人物，对于整个毒品犯罪组织结构而言，受毒品犯罪内在供求平衡规律的影响，在需方市场相对固定的情况下，毒品犯罪组织会很快通过“中间人”的牵线搭桥，迅速实现毒品犯罪组织结构的自我修复，这也正是我国毒品犯罪打击活动经常出现“你方唱罢我登场”尴尬场面的原因。由此而论，缉毒人员对毒品犯罪组织打击实效的取得应从关联性、阶层性、效率性及最小上限性四个维度出发，充分运用技侦、网侦、视频侦查以及各类话单分析软件等现代科技手段，转变侦查思路，既分析毒品犯罪组织结构中各个小团体成员之间、不同小团体之间的等级关系、聚散程度、联系方式等，❶ 又分析挖掘出联络各个小团体的“中介人员”及其主要的联系方式，使得整个案件侦查方法设计中既体现出对“小团体”的打击，又体现出对“中介人员”的挖掘，最终通过积极经营实现对整个犯罪集团或团伙的有效打击。

（三）内外因综合作用的犯罪行为模式

任何犯罪行为均以犯罪心理为基础，❷ 是犯罪心理外化的表现形式。如前所述，毒品犯罪心理的生成并不是无章可循的，而是遵循一定的规律和机理逐渐产生、发展变化的，毒品犯罪行为正是在这种发展变化中逐渐形成自己特有的行为模式。长期以来，我国对毒品犯罪行为模式的分析主要停留在对外在特征的分析总结阶段，缺乏对毒品犯罪行为模式的深层分析挖掘，既限制了毒品犯罪案件侦查方法的有效运行，又影响了毒品犯罪侦查实效的取得。从哲学视角分析，毒品犯罪行为的发生发展是内因与外因共同作用的结果，毒品犯罪分子的遗传因素（如性别、基因、神经系统等）、心理因素（如价值观、需求、兴趣爱好等）是毒品犯罪行为产生的内因，亦是毒品犯罪行为产生的根本原因；毒品犯罪分子生活的环境、接受的教育以及诱发犯罪的某种条件、时机等是犯罪行为产生的外因，可以加速或延缓毒品犯罪行为的发生。

---

❶ 黄慧霞．跨境毒品犯罪组织结构的社会网络分析［J］．中国人民公安大学学报（社会科学版），2010（1）：29－38.

❷ 梅传强．论犯罪心理的生成机制［J］．河北法学，2004（1）：2－5.

毒品犯罪分子正是在这种内外因的共同作用下，形成犯罪意志，并将犯罪意志外化为犯罪行为。

有鉴于此，依据毒品犯罪分子犯罪意志坚定程度的不同，可以将其犯罪行为模式划分为稳固型犯罪行为模式和临时型犯罪行为模式，前者的行为人的犯罪意志相对坚定，主要是职业型的、长期从事毒品犯罪活动的犯罪分子的行为，具有该类行为模式的人在毒品犯罪组织结构中主要担任首脑或中层骨干的职务；而后者的行为人的犯罪意志并不够坚定，主要是基于偶然的机会、特定的时机而诱发犯罪，具有该类行为模式的人在犯罪组织结构中主要担任搭伙人或马仔的职务。依据毒品犯罪分子内心需求层次的不同，可以将其犯罪行为模式划分为敛财型行为模式与享乐型行为模式，前者的行为人主要是基于逐利之目的，而后者的行为人则是为了寻找刺激、寻求成就感等目的。依据毒品犯罪分子智力程度、知识储备程度的不同，可以将其犯罪行为模式划分为低智商的犯罪行为模式和高智商的犯罪行为模式，前者的行为人主要集中在传统的毒品犯罪活动中，而后者的行为人则主要存在于新型毒品犯罪活动（尤其是新型毒品的生产制造等）和网络毒品犯罪等活动中。依据毒品犯罪分子内心冷漠程度、性格偏颇程度以及暴力倾向的不同，又可以将其犯罪行为模式划分为暴力型犯罪行为模式和非暴力型犯罪行为模式，具备暴力型犯罪行为模式的毒品犯罪分子在犯罪活动中，常常采用武装掩护等方式，为实现自己既定的目的而不择手段；而具备非暴力型犯罪行为模式者则通常采用较为“平和”的方式实施犯罪，如零星贩卖毒品犯罪行为、容留他人吸毒犯罪行为等。在毒品犯罪案件侦查方法设计运用中，缉毒机关及其指挥人员应充分运用哲学、行为科学等相关原理，发挥缉毒主体的主观能动性，从毒品犯罪分子外化行为模式中深入分析挖掘毒品犯罪行为形成的内因与外因，因人施策、因案施策，通过化解毒品犯罪行为产生的内因，阻断毒品犯罪行为产生的外因，采取说服教育、循循善诱等方式打破毒品犯罪分子的心理防线为我所用，进而实现寻找案件突破口、掌握犯罪集团或团伙内部组织结构以及成员的犯罪行为模式、收集涉案证据甚至是预防犯罪结果的发生等目的。

二、优化新型毒品犯罪案件侦查方法

近年来，新型毒品基于合成快、裂变快、衍变快、利润高、隐蔽性强等特点在毒品犯罪市场上异军突起，迅速反超传统毒品，成为整个毒品犯罪市场上最炙手可热的“消费品”。与传统毒品犯罪相比，新型毒品犯罪无论是生产模式、行为模式还是交易模式均发生了很大的改变，给毒品犯罪案件侦查方法的顺利开展带来了极大的难度，而目前我国毒品犯罪案件侦查方法运行中所表现出来的新型毒品认定难、列管难、“取样—送检”衔接不畅等问题已然成为缉毒实践中亟待解决的突出问题。为此，笔者通过学习借鉴英国和德国的相关经验做法，充分运用行为科学的相关原理，着重从提高缉毒人员毒品识别力、优化新型毒品列管方式以及完善“取样—送检”衔接机制三方面出发，探寻新型毒品犯罪案件侦查方法的完善路径。

（一）提高缉毒人员的毒品识别能力

缉毒人员是毒品犯罪案件侦查方法设计运用的主体，他们对毒品的识别能力将直接决定着侦查方法的运行方向及运行方式，从而影响整个案件侦查工作的后续开展。

1. 准确把握新型毒品的定义

现有的关于新型毒品的概念并不能准确地将新型毒品与麻醉药品或精神药品的概念相区分，致使实践中常常将所有涉及违法从事人工合成的被管控的精神药品或麻醉药品的案件均定性为新型毒品犯罪案件，引发司法实践中的诸多争议，严重影响侦查方法的制定与设计，以及整个侦查工作实际效果的取得。对于新型毒品的定义，应着重从以下几个层面予以把握：一是新型毒品属于麻醉药品和精神药品的种概念；二是新型毒品属人工合成的化学品类毒品，区别于海洛因、大麻等传统毒品；三是并非所有被列管的人工合成的精神药品或麻醉药品均属新型毒品，依据《麻醉药品和精神药品管理条例》以及2015年《武汉会议纪要》中的相关规定，只有当犯罪嫌疑人明知其从事的是与被列管的人工合成的麻醉药品或精神药品有关的犯罪行为，为了牟取远远超过正常药品市场价的暴利，而使被列管的人工合成的麻醉药品或精神药品流入毒品市场或吸毒群体，此时该类精神药品或麻醉药品才属新型毒品。因而，在新型毒品犯罪案件侦查方法的设计运用中，缉毒人员需在全面掌握毒品犯罪相关法律法规及规范性指导文件的基础上，着重开展对涉毒人员主观故意、毒品流向性等方面证据的收集，这对缉毒主体综合素质能力的要求必然更高。

2. 提高新型毒品的认知能力

在新型毒品犯罪案件侦查中，新型毒品识别难、发现难是毒品犯罪案件侦查方法难以开展的主要原因之一。新型毒品衍变快、合成快等特点使其种类不断翻新，难以被人察觉，也对社会的安全稳定造成了极大的威胁。为此，毒品犯罪案件侦查机关及案件侦查指挥人员就需要充分运用人本原理，克服故步自封、停滞不前的思想，充分调动缉毒人员的主观能动性，提高缉毒人员对新型毒品的认知能力。首先，组织各单位或在单位内部定期开展经验交流会，对市场上即时出现的新型毒品进行交流学习，及时掌握新型毒品的成分结构、外形特征以及传播手法等。其次，定期组织人员培训，聘请相关领域的专业人员对新型毒品的外观特点、制造原理、掩藏方式等进行讲解，更新缉毒人员的专业知识储备。

最后，缉毒机关应注重调整人员层次结构，构建多元化的人才引进与协作机制，在引进具有化学、生物学等学科背景的人才的同时，加强与相关专业高校、企业之间的合作，不断为缉毒力量注入新鲜血液，以实现对新型毒品犯罪的有效打击。

（二）实行灵活动态的列管方式

毒品的列管方式是影响毒品犯罪案件侦查方法顺利开展的关键因素，某类新型毒品是否被列管将直接决定着侦查工作能否开展以及如何开展。目前，我国新型毒品列管工作中列管的滞后性、灵活性差的问题使得新型毒品犯罪的打击常常面临无所适从的尴尬境地，尤其面对新精神活性物质具有裂变快、衍变快、生产周期短、隐蔽性强等特点，公安部、食品药品监管局和卫健委等相关部门一旦将某种新精神活性物质列管后，其替代品就会被迅速生产制造出来，并再次以合法外衣的形式流向毒品市场。从我国2015年出台的《非药用类麻醉药品和精神药品列管办法》可以看出，一种新型毒品从国家禁毒办认为需要被列管到最终被列管的时间最长可达9个月（经历3个月以内的风险评估和列管论证，之后在6个月以内完成列管），如此冗长的列管程序虽然以规范性文件的形式表明了国家对新型毒品列管的严谨态度，但也使新型毒品的列管工作存在滞后与僵化的风险，进而严重影响对部分已经在实践中发生的新型毒品犯罪案件的侦查工作。面对上述问题，我国新型毒品的列管可以在既有列管模式下，通过“临时列管”与“骨架列管”相结合的方式，最终构建起灵活的动态的新型毒品列管模式。一方面，可以充分学习借鉴英国、德国等欧洲国家对新型毒品采用的“临时列管”方式，各省、自治区、直辖市以及设区的市一级的地方禁毒办公室在组织地方公安机关、食药局等相关部门对非药用类麻醉药品或精神药品进行监测的过程中，当被监测的某种非药用类麻醉药品或精神药品被国务院发布预警信息并认为需要被列管的，地方禁毒办公室及相关机关可以在正式列管论证期间，充分结合当地毒情形势、侦查情势等相关因素，进行相关的风险评估后制定出为时 6～9 个月的等同于正式列管效力的地方性“临时列管办法”，地方缉毒部门可依据该“临时列管办法”开展前期收集和固定证据等相关初查工作或者采取由地方相关行政机关先收集和固定证据、公安缉毒部门协助的方法，防止涉案证据的毁损灭失以及危害结果的进一步扩大，但案件最终的启动应以国家《非药用类麻醉药品和精神药品管制品种增补目录》的更新为准。另一方面，针对新型毒品衍变快、合成快的特点，为有效防止毒品犯罪分子以逃避法律监控的形式将被列管的新型毒品通过改头换面、简单修饰的方式再次投放毒品市场，我国可以灵活采用“骨架列管”的方式，将化学骨架相同的、结构类似的某类新精神活性物质全部列入管制的范围，为缉毒部门侦查方法的设计运用指明方向。如我国对芬太尼类新精神活性物质就采取了整类列管的方式。需要说明的是，新型毒品的列管方式也应当与医学科研的发展保持高度一致，一旦发现某种被列管之非药用类麻醉药品或精神药品具有医药用途后，我国应当立刻结束对该类物质的列管。

（三）完善“取样—送检”衔接机制

目前，我国新型毒品犯罪案件侦查中，“取样—送检”衔接不畅的问题较为突出，由此导致涉案毒品取样行为不规范、不专业，送检程序失范等诸多现象频繁发生，严重影响了毒品犯罪案件侦查方法的顺利开展，也给整个案件的取证工作带来了一定的困难。为有效解决上述问题，毒品犯罪案件侦查机关需与内部及外部检验鉴定机构（包括公安机关内部的鉴定机构和具备相应鉴定资质的外部鉴定机构）之间建立内部指派或外部聘请机制，以克服“取样—送检”过程中程序衔接的不畅。一方面，公安机关内部以及公安机关与外部鉴定机构之间应加强彼此之间的交流合作，定期开展工作交流，通过内部指派或外部聘请的方式邀请相关的资深鉴定工作人员定期对新型毒品检验的要求、检验原理，以及送检材料要求等相关内容进行讲授，使缉毒人员从主观上转变观念，明确毒品取样、送检工作对毒品检验鉴定的重要性，防止缉毒人员取证、固证等环节行为的失范性。另一方面，毒品犯罪案件侦查机关需就内部指派或外部聘请的流程、方式、要求等内容与鉴定机构之间，尤其是外部鉴定机构之间制定相应的实施细则，以保障指派或聘请程序的畅通。

三、强化毒品犯罪案件国际侦查合作

毒品犯罪一直都是世界各国重点关注和打击的对象。近年来，随着经济全球化步伐的加快以及国家间交往合作的日益频繁，国际毒品犯罪集团也开始不断发展变化，制贩毒种类不断翻新、运毒渠道不断拓宽、犯罪手段科技化和智能化特征愈发凸显，在对世界各国“非传统安全领域”造成威胁的同时，也严重危害了人类的健康、国家的安全和社会的发展进步。[1] 面对如此严峻复杂的犯罪态势，单靠一国的警力并不能完全实现对国际毒品犯罪集团的打击，而开展国际侦查合作便成为世界各国的共同选择。目前，我国在跨国毒品犯罪案件侦查中普遍存在情报共享机制不畅、跨国取证问题突出、警力调度指挥机制匮乏等突出问题，严重影响了国际侦查合作方法的顺利开展。在既有国际侦查合作框架下，唯有构建多维度的国际侦查合作机制、强化警务合作情报信息共享、完善双边协作条约，才能突破制度的藩篱，推动跨国毒品犯

[1] 张吟竹，祝凤瑞．跨国毒品犯罪的形势与对策研究［J］．云南警官学院学报，2004（4）：18－21.

罪案件国际侦查合作的纵深发展。

（一）构建多维度的国际侦查合作机制

在跨国毒品犯罪案件侦查中，国际侦查合作的程度直接决定着整个案件侦查工作的开展及侦查实效的取得。受国家主权、法律制度、文化传统以及经济利益等因素的影响，我国与世界各国之间的国际侦查合作大都以个案的形式开展，并未建立起统一的警力联动指挥调度机制，使得跨国毒品犯罪案件的侦查往往需要在既有合作框架下，经过重重的沟通交流才能顺利开展。为此，我国与世界各国在既有的警务合作或司法协助框架下，可以从以下四个维度构建国际侦查合作机制。一是在国际刑警组织框架内，我国可以通过国际刑警组织积极与其他成员方之间就跨国毒品犯罪、跨国毒品洗钱等案件开展联合侦查，对于控制下交付、秘密监控及特工行动（刑事特情）等特殊侦查策略手段的实施可先以个案的形式进行合作，随后逐步形成合作共识。二是在“10＋3”“上海合作组织”等区域合作框架下，与东盟、日韩等深入开展多边或双边国际侦查合作，并在具体案件侦查中就情报互换、跨国取证、跨国追捕等实践问题逐步达成共识，以个案的开展为契机，逐步探索和建立统一的警力联动指挥调度机制。三是在大湄公河等次区域合作框架下深入开展国际侦查合作。一直以来，“金三角”地域都是我国境外主要的毒源地之一，加强大湄公河次区域的国际侦查合作对我国侦办跨国毒品犯罪案件起到了十分重要的作用。为此，我国应以个案合作为契机，不断探索和完善与泰国、老挝、缅甸等国家的警力联动指挥调度机制，并逐步向其他各国推广。四是在双边警务合作或司法协助框架下，我国应加强与俄罗斯、吉尔吉斯斯坦等其他国家之间的国际侦查合作，持续深入落实联络官制度，并就联合侦查、跨境追捕等侦查合作措施在个案开展的基础上进一步予以拓展，逐步构建出稳固的、具有普适性的国际侦查合作模式。

（二）强化以国际刑警组织为基础的情报交流

在刑事案件侦查中，情报信息一直都是案件侦查工作顺利开展的前提和基础。目前，我国跨国毒品犯罪侦查中情报信息的交流互换主要在国际刑警组织框架内进行，通过其在世界范围内运作的犯罪情报信息网开展国家间的情报信息交流，如 1986 年，国际刑警组织中国国家中心局接到泰国和美国国际刑警组织发来的情报后，成功破获了当时有史以来最大的跨国海洛因贩毒案件。[1] 但是，这种基于国际刑警组织框架下的情报信息交流机制在灵活性、可操作性上并不足以完全应对当今复杂多变的跨国毒品犯罪活动。欧盟一些国家的相关经验做法似乎更能为我国跨国毒品犯罪案件侦查中情报信息共享机制的建立提供思路，如卢森堡、比利时、荷兰等国在《申根协定》框架下建立的申根信息系统（SIS），能有效地实现缔约国之间案件信息的收集、传递与共享。有鉴于此，我国跨国毒品犯罪案件侦查中情报信息的共享可以从以下三个层面予以完善：一是进一步加强我国与国际刑警组织之间的情报信息共享，在此基础上，以多边促双边，为搭建国家间双边侦查合作信息网络平台奠定良好的基础；二是强化与世界各国之间，尤其是“一带一路”沿线国家之间的侦查合作，借鉴欧洲国家的相关经验，与沿线国家建立常设性的警务合作机构，并以此为基础，逐步建立起国家之间相对稳定的情报信息共享平台，强化跨国毒品犯罪案件侦查中的情报共享；三是加强地方公安机关与边境国家在多边或双边警务合作框架下的情报信息交流，构建以个案为基础的良好情报信息交流机制，进而推动国家间的情报信息共享

---

[1] 向党．加入世贸组织对公安工作的影响［M］．北京：中国人民公安大学出版社，2002：263.

平台建设。

（三）完善务实高效的双边协作条约

一直以来，我国都十分重视与世界各国的国际侦查合作。但从目前国际侦查的实际现状来看，我国签订的有关国际侦查合作的条约或协议数量依旧十分有限，且大多是与发展中国家或周边国家之间签订的双边条约或协议，与西方发达国家之间的相关合作条约仍占少数，严重阻碍了我国对跨国毒品犯罪活动的有效打击。为此，我国应加强对双边国际侦查合作条约或协议的完善，从横向上积极开展与世界各国，尤其是西方发达国家之间签署国际侦查合作相关条约或协议，拓宽双边协作条约的覆盖范围，在制度机制上保证跨国毒品犯罪案件国际侦查合作的顺利开展；在纵向上要尽量确保国际侦查合作种类和手段的多样化，尤其对于控制下交付、联合侦查、秘密监控、特工行动、跨境取证、跨境追捕等合作程度要求极高的侦查手段的运行应确保其与国际法中相关规定保持一致，使该类措施手段在跨国毒品犯罪案件侦查中有序合法地发挥自身的特殊效用。

第三节 构建多元融合的毒品犯罪案件侦查方法

多样性和开放性都是毒品犯罪案件侦查方法的本质特征，其不仅能使毒品犯罪案件侦查方法长期处于动态的发展过程中，更能促使该类案件侦查方法的不断丰富与完善。然而，我国禁毒立法中固有的功利主义色彩以及近年来信息化侦查方法的“侵入式”发展，使毒品犯罪案件侦查方法无论是侦查思维方式还是侦查策略手段均呈现单一化的发展趋势，背离了侦查方法设计运用的初衷，更造成侦查方法实际运行的偏执与固化。为此，笔者在对我国毒品犯罪案件侦查方法规律特点分析挖掘的基础上，通过学习借鉴域外美、英、德、日四国关于毒品犯罪案件侦查方法运行的经验，充分结合经济学、行为科学以及法律制度中的相关原理，试图构建起一个多元融合的、系统的、科学的、高效的毒品犯罪案件侦查方法体系。

一、修正毒品犯罪案件侦查目的观

毒品犯罪案件侦查方法设计运用中，侦查目的是侦查方法系统的最高层次，侦查目的直接决定了缉毒人员在侦查秩序、正义以及效益三者之间的价值选择，是侦查价值最直接的体现。因此，毒品犯罪案件侦查目的的修正应注重制度与观念的双重革新，在制度层面，充分学习借鉴域外相关经验和做法，适度引入权利保障型侦查目的观；在观念层面，树立客观全面的侦查目的观，改善因侦查目的的单向偏移所带来的不良影响。

（一）适度引入权利保障型目的观

通过对域外毒品犯罪案件侦查方法的考察可以看出，大陆法系国家遵从的犯罪惩罚型目的观十分有利于对犯罪行为的打击，但也从一定程度上忽视了对犯罪嫌疑人的人权保障，只能通过相关制度的构建来实现对犯罪嫌疑人的人权之保障；英美法系国家遵从权利保障型目的观，其从诉讼程序上更有利于对犯罪嫌疑人人权的保障，但却是以降低侦查程序的犯罪追究能力为代价。于我国而言，受“混合式诉讼模式”（强职权主义与当事人主义的混合）的影响，我国遵循犯罪惩罚型目的观，虽然在刑事诉讼中更多地融入西方当事人主义的对抗制色彩，但诉讼模式中的“强职权主义”特征依旧十分突出，这都导致了我国在毒品犯罪案件侦查方法设计运用中过多地将目光转移到对毒品犯罪的单一化打击层面，主观功利主义色彩浓厚，使整个毒品犯罪案件侦查活动因一味地追求侦查效益而轻视了秩序与正义价值，最终造成侦查价值体系运行的单一。适度地引入英美法系国家的权利保障型目的观似乎可以从一定程度上消解毒品犯罪案件侦查中犯罪惩罚型目的观所带来的不良后果，进而构建出秩序正义优先、兼顾效率的侦查价值体系。然而，权利保障型目的观的引入绝非易事，因为权利保障型目的观是当事人主义诉讼模式的特定产物，是带有对抗制诉讼理念和制度的深刻烙印的目的观，该观念的引入必然会带来诉讼理念的“软性冲突”和诉讼制度的“硬性冲突”。有鉴于此，在我国既有诉讼模式下，对权利保障型目的观的引入应遵循创新移植的道路，在充分结合我国毒品犯罪案件侦查制度自身特点的基础上进行合理引入。首先，在禁毒立法上，一方面，应修改我国毒品犯罪立法中毒品数量不以纯度计算的相关规定，充分学习借鉴域外相关经验，尤其是英国毒品犯罪量刑指南中的相关规定，在实现以毒品纯度折算量刑的同时，依据毒品犯罪分子在犯罪团伙或集团中的作用确定一个较为合理的毒品数量作为其量刑的起点，从毒品犯罪立法上更多地体现出对涉毒犯罪嫌疑人权利的保障，为毒品犯罪案件侦查中权利保障型目的观的合理引入奠定法律基础；另一方面，应加强对毒品犯罪案件侦查方法尤其是秘密侦查方法运用的法律规制，消解因功利主义色彩所带来的侦查措施方法实践运行的“无序”与“扩张”，为权利保障型目的观的合理引入提供法律制度保障，以不断完善毒品犯罪相关立法的形式，弱化因权利保障型目的观的引入所带来的诉讼理念上的“软性冲突”。其次，改革对毒品犯罪案件侦查策略手段运行的程序性控制，改变程序性控制中科层制控制与检察监督结合的固化观念，构建以非法证据排除规则为基础，以检察院、法院为中心的二阶层控制模式的近景目标，以司法审查为模式的远景目标，❶并以此弱化因权利保障型目的观的引入而带来的诉讼制度的“硬性冲突”。

（二）树立全面客观的侦查目的观

长期以来，我国毒品犯罪案件侦查中秉持的“从重从快”“唯破案论”的办案思想致使毒品犯罪案件侦查方法的设计运用中功利主义色彩浓厚，阻碍了侦查活动所欲实现的功效与作用，更从一定程度上催生了重大案、轻小案，重实体、轻程序的侦查办案观。因此，树立全面、客观、合理的侦查目的观就成为构建多元融合的毒品犯罪案件侦查方法必须要解决的问题。首先，应克服毒品犯罪案件侦查中的“唯破案论”思想，充分结合行为科学、法律制度中的相关原理，提升缉毒主体认知度，以整个案件侦查方法运行中是否贯彻了“不枉不纵”的刑事政策、是否充分全面合法地收集涉案证据材料、是否有效地震慑犯罪、是否防止了危害后果的发生、是否维护了良好的法治秩序、是否维护了缉毒机关良好的社会公正形象等作为侦查方法实施效果的评价标准，更新理念，完善相关配套制度。其次，充分运用经济学相关原理，融入侦查效益的评判标准，以整个案件侦查方法运行是否实现了侦查成本投入的最优化、是否实现了侦查人力物力和财力最优化配置作为侦查目的实现的又一评判标准。最后，缉毒机关可以加强与市场上的相关软件公司合作，共同研发符合多元化侦查目的评价标准体系的应用软件，融入上述各评价元素并设置彼此之间的权重，以实现快速精准有效地评价毒品犯罪侦查案件侦查效果的目的，充分体现全面多元化的价值观。

❶ 詹建红，张威．我国侦查权的程序性控制［J］．法学研究，2015（3）：139－157.

二、丰富毒品犯罪案件侦查思维方式

侦查思维方式是侦查人员分析侦查情势、思考侦查对策、制订侦查计划、实施侦查方案时的角度和方法，是整个侦查方法运行体系的核心，对侦查行为的实施起着决定性的作用。在毒品犯罪案件侦查中，构建系统性的侦查思维模式，充分发挥缉毒人员的主导作用，不仅能在一定程度上解决因侦查思维单一化而产生的不利后果，更能从哲学、经济学等其他学科中及时汲取经验，丰富毒品犯罪案件侦查办案的思维方式。

（一）构建系统性的侦查思维模式

毒品犯罪是涉及政治、经济、文化、教育等因素的成因极其复杂的犯罪，虽然国家的禁毒立法对毒品犯罪起到一定的打击与震慑效果，但抑制毒品犯罪还得考虑社会条件、经济条件、政治利益、制度模式、司法资源及社会舆论等诸多要素的综合作用，如美国一直十分重视对毒品犯罪的打击，但在打击毒品犯罪的前期，由于缺乏对毒品犯罪内在供求规律的认识，并未取得良好的实际效果。因此，在毒品犯罪案件侦查方法设计运用中，应充分运用哲学中普遍联系的原理，将系统性的思维方法融入其中，树立侦查方法运行的全局观、系统观。

首先，在体制机制运行层面，应从全局性、整体性的视角出发，从横纵两个方面强化对缉毒主体的任务分工。在横向上，一方面正视缉毒机关与技侦、网侦以及其他相关部门之间衔接不畅的问题，注重缉毒机关与其他公安部门，尤其是网侦、技侦部门之间的配合，在定期召开三部门间经验交流会的基础上，长期选派缉毒人员到技侦、网侦部门学习，建立长期的合作交流机制；另一方面正视缉毒合成作战模式在主体综合能力、互动体制机制、资源保障等方面的不足，加强缉毒机关与其他部门（如银行、通信公司）之间、不同缉毒机关之间以及缉毒机关自身的人力、物力及财力之间的协调配合。在纵向上，进一步完善扁平化的指挥作战模式，构建出系统高效的整体作战模式。

其次，在对涉案团伙分析挖掘层面，应从犯罪嫌疑人特点、犯罪行为方式、犯罪组织结构、犯罪运作模式、犯罪发展趋势等方面实现对毒品犯罪案件的系统性把握，并从中分析挖掘应对之策。要准确地认识事物，就必须研究和掌握它的一切面，包括与它相关的一切联系和中介。我们绝不可能完全做到这一点，但是，全面性的要求可以使我们防止错误和僵化。因此，在侦查过程中，缉毒人员必须尽可能全面了解并围绕毒品犯罪分子及与其行为相关的一切因素，分析并掌握各相关因素之间的不同联系，在众多关联因素中找出与毒品犯罪组织架构、人员构成、犯罪动向等联系最为直接的、本质的因素，并对其进行分析研判。此外，缉毒人员还需要最大限度地把握那些间接的、偶然的因素，尽可能地掌握案件的一切联系和“中介”，并对整个复杂的因果关系网络加以理性分析，以既成的案件事实为基础，分析并研判所有与其密切联系的信息变量，通过对信息变量相互作用、相互制约等关系的判断，排除那些关系不直接、联系不紧密的信息变量，规避侦查方法设计运用中的风险，实现侦查效益的最大化。

最后，在相关法律政策层面，应在充分掌握毒情形势、禁毒政策、毒品犯罪立法的基础上不断完善创新侦查策略手段，确保侦查策略手段与侦查目的、侦查途径等要素之间构成一个相互联系、相互作用、动态运行的有机统一体。因此，在毒品犯罪案件侦查方法设计运用中，应从如下两点予以把握：一方面，应在充分掌握最新毒情形势、禁毒政策的基础上，积极地、有选择性地从其他学科和实践活动中挖掘适用于毒品犯罪案件侦查的有效方法，全面地、及时地吸收最新的科学技术成果，合理且有效地

“改造”传统的毒品犯罪案件侦查方法，构建科学、完备、灵活、有效的毒品犯罪案件侦查方法体系；另一方面，在毒品犯罪案件侦查方法自行运行的过程中，应确保侦查途径、侦查策略手段、侦查工具及其操作程式与侦查目的相适应，促使侦查措施方法有序高效运行。

（二）突出缉毒人员的主导作用

在现代信息技术，尤其是大数据人工智能技术与侦查领域不断深度融合的背景下，毒品犯罪案件侦查的科技化、智能化程度不断得到提高，信息化侦查方法也逐渐成为毒品犯罪案件侦查中主要的措施手段。然而，随着信息化侦查方法发展步伐的不断加快，毒品犯罪案件侦查方法设计运用中的“人”的侦查思维方式开始逐步被淡化甚至被替代，整个案件的侦查思维开始向着程序化、公式化的方向发展，即所谓的信息化侦查思维。从行为科学视角分析，缉毒人员作为毒品犯罪案件侦查活动运行的核心和根本，其思维方式的灵活性、多变性以及对侦查情势的精准把握程度是冰冷的机器语言所永远无法逾越的，如缉毒人员在作出侦查决策时，可随时依据侦查决策外部环境的变化调整侦查思路，改变侦查策略，进而作出最具可行性的侦查行动方案。因此，要克服固化的信息化侦查思维方式、改变信息化侦查中缉毒人员侦查思维主导地位的缺失，就应当在侦查方法运行中充分运用人本原理，突击缉毒人员的主导作用。一方面要注重转变观念，明确现代信息技术是人脑与现代科技的一种强强联合，而人脑依旧是推动信息化侦查运用的主体，缉毒人员所要做的仅仅是将信息技术作为一种侦查的手段内化和吸收，并在具体案件的侦查中灵活加以应用，在充分发挥信息化侦查手段特有效用的同时，凸显出侦查主体思维的灵活性与动态性；另一方面要加强对缉毒人员信息技能的培养，充分发挥缉毒人员的主观能动性，激励缉毒人员根据案件侦查的实际需要研发具有针对性和可操作性的侦查“工具”，有效规避大量商业化软件的无节制“侵入”。[1]

三、推进信息化与传统型侦查方法的融合

随着1994年“全国犯罪信息中心”的正式建成以及金盾工程的深入推进，我国的侦查工作开始走向信息化和技术化。[2] 我国现用于实战的信息化侦查技术战法已不下50种，[3] 为毒品犯罪案件侦查方法的丰富与创新开拓了新的视野。但信息化侦查方法的飞速发展及其所带来的惊人效率使得缉毒人员过于依赖该项措施方法，一些充斥着“人力”的传统型侦查措施方法不断受到“挤压”和“排挤”，致使侦查策略手段趋于单一化，背离了信息化侦查方法发展的初衷。毒品犯罪案件侦查方法的发展应是多元融合式的发展，唯有打破对信息化侦查的过于迷信，树立正确的信息化侦查观，将传统型侦查的思维模式与信息化侦查技术手段深度融合，才能突破现有侦查方法运行的瓶颈，实现对毒品犯罪案件的有效打击。

（一）树立正确的信息化侦查观

“信息的目的毕竟是人的目的。归根到底，信息的逻辑必须是人的逻辑。不管信息的独立性和范围有多么大，是人最终决定了信息的全部意义以及为什么信息是重要的。”[4] 这句话启示我们，信息化侦查方法即使再强大，也仅仅是侦查人员开展案件侦查工

---

[1] 欧三任．论信息化对侦查的异化［J］．四川警察学院学报，2011（6）：57－63.

[2] 申群翼．论信息化背景下传统侦查方法的继承与发展［J］．中国刑警学院学报，2015（2）：17－20.

[3] 李双其．论信息化侦查方法［J］．中国人民公安大学学报（社会科学版），2010（4）：9－14.

[4] 约翰·希利·布朗，保罗·杜奎德．信息的社会层面［M］．王铁生，葛立成，译．北京：商务印书馆，2003：53.

作的一种方法，信息化侦查方法一旦脱离了侦查主体，将变得毫无意义。在毒品犯罪案件侦查中，要消解信息化侦查方法所带来的负面影响，就必须树立正确的信息化侦查观，改变以往对信息化侦查的过度迷信。首先，要准确认识信息化的优点并积极推动信息化建设。相较于传统侦查方法而言，信息化侦查方法所具有的高效性、便捷性、准确性、客观性以及空间延展性的诸多特征，可以帮助缉毒人员全面开展毒品犯罪案件侦查工作（包括对网络毒品犯罪案件的侦查），迅速准确地收集和研判情报信息，监控涉毒人员的活动轨迹，掌握涉毒人员的组织架构和犯罪证据等，从而显著提高侦查效率。从经济学视角来看，信息化侦查方法的有序推行可以从一定程度实现侦查效率的最大化。其次，要打破对信息化侦查的过度迷信，避免对信息化侦查方法的盲目追求。虽然信息化侦查方法具有便捷性、高效性、客观性及空间延展性等诸多优点，但需要强调的是，信息化技术方法并不是万能的。“迟滞性”和“漂移性”是信息化侦查的致命弱点，如涉毒嫌疑人通过手机发出信号到技术行动部门最终确定涉毒嫌疑人可能需要几个小时的时间，这段时间内随时会因为意想不到的干扰而出现信息“漂移”的现象，毒品犯罪案件的侦查战机往往转瞬即逝，这种仅依靠于冰冷的机械化、程序化的侦查手段也会产生误判案情的风险。[1] 因此，我们要在社会变革和现代信息技术飞速发展的前提下，科学有效地推动信息化侦查方法的发展，在充分发挥信息化侦查方法优势的同时，也要注重发挥缉毒人员在信息化侦查方法运行中的主导地位，以此消解信息化侦查方法所带来的负面效应。

---

[1] 刘虎．论毒品犯罪侦查手段的运用［J］．云南警官学院学报，2016（2）：22－26.

（二）充分发挥传统型侦查方法优势

在毒品犯罪案件侦查中，传统型侦查方法（如刑事特情、卧底侦查、阵地控制等）主要依靠侦查学基本原理和积累的侦查办案经验获取涉案信息、收集涉案证据、分析和判断案情。与信息化侦查方法不同，传统型侦查方法的运用虽效率较低，且需耗费大量的人力、物力和财力，但其灵活性、多变性、控制力强等特点在发现情报信息、获取涉案证据、实施案件经营、精准把握案情以及对案情紧急情况的处置等方面发挥着重要的作用，是毒品犯罪案件侦查工作顺利运行的基础。缉毒人员在日常工作过程中应着重从以下两个层次充分发挥传统型侦查方法的独特优势。一是充分发挥经验型侦查思维方法在打击传统毒品犯罪案件中的优势。一方面，要及时掌握和应对实践中部分毒品犯罪手段方法的“回潮式”倾向，如为了逃避打击，一些涉毒人员开始采取“人背马驮”等传统手段，在未安置摄像头、道路纵横交错的山区完成毒品运输等犯罪活动，并采用线下交接的方式躲避技术手段的监控。此时就需借助传统型侦查思维措施方法，发挥老侦查人员长期“战斗”的经验，以经验先行，制定侦查打击对策。另一方面，充分发挥阵地控制与公开查缉在案件侦查中的重要作用，分别从毒品犯罪链条的起始端和终端收集情报信息，积极开展案件经营活动；充分发挥刑事特情与卧底侦查在收集情报、获取证据以及监控犯罪集团或团伙中的优势作用，及时掌握侦查对象的犯罪动向，争取案件侦查的主动权，降低案件侦查的风险；充分发挥控制下交付在毒品犯罪案件侦查中的特殊作用，适时运用控制下交付，通过主动经营、长期监控，挖掘出整个毒品犯罪的链条，最终实现对毒品犯罪集团或团伙的“全链条”式打击。二是充分发挥传统型侦查方法（以经验作为主要内推力的侦查方法）在信息化时代，尤其是大数据、人工智能技术飞速发展背景下被赋予的新的功能效用，以缉毒人员的先期经验为抓手，将毒品犯罪案件的行为特征尽可能数据化，并对案件情节特征进行差异化处理，积极深入推进逻辑驱动性大数据建模，使机器能更好地替代人力工作，以实现对毒品犯罪案件的高效、精准化打击。

（三）实现信息化与传统型侦查方法的优势互补

在毒品犯罪案件侦查中，无论是信息化侦查方法还是传统型侦查方法都有其自身的局限性，只有将两者有机结合，实现优势互补，才能实现对毒品犯罪的有效打击。首先，在传统型侦查方法运用中，一方面应充分运用刑事特情、卧底侦查、阵地控制、询问讯问等侦查措施方法，为信息化侦查的运用提供前期的情报信息支撑；另一方面应充分发挥传统型侦查方法在案情推断、侦查目的制定、侦查途径及侦查策略选择方面的优势，及时对信息化侦查手段实施的方向、范围、方式等进行调整，为信息化侦查方法的实施提供“智力”保障。其次，在信息化侦查方法运用的过程中，缉毒人员应充分发挥信息化侦查方法的主动性、精准性、高效性等特点，从公安内网、互联网、视频信息、通信信息、GPS信息、银行卡信息等各种社会信息资源中汲取海量基础信息，及时运用视频侦查、技术侦查、网上侦查等措施方法克服传统型侦查方法“被动型”“低效性”等缺陷，将传统型侦查方法的物理空间延伸至虚拟网络空间。如通过积极开展网上刑事特情选建、网上阵地控制、网上摸排、网上追逃、网上调查访问等方法研判涉毒网络架构、分析涉毒嫌疑人行动轨迹，通过将特定的数据缆线与手机主板相连接等技术方法获取嫌疑人手机上的证据，通过电脑硬盘拷贝或邮件服务器调取等方法进行电子邮件取证，通过调取交易平台存储记录或嫌疑电脑网络操作时所保存的信息获取网上交易电子记录，通过锁定涉嫌即时通信工具的账号和密码等技术手段获取网络聊天证据。若能将如上的种种信息化技术方法与传统型侦查方法紧密结合，就能有效延伸传统型侦查方法的空间触角，变被动为主动，最终提高侦查破案率。[1] 此外，对于近年来高发的涉网毒品犯罪，尤其是利用暗网实施毒品犯罪的行为，缉毒部门应及时引进专业化的人才队伍，充分利用现代信息技术手段，构建数据驱动型大数据模型，通过深入分析挖掘新型涉网毒品犯罪案件典型规律特征，使缉毒人员能够迅速实现对该类犯罪的经验积累，并以此为基础，促进逻辑驱动型大数据模型的提级，迅速实现对涉网毒品犯罪的高效、精准打击。

---

[1] 董磊．论传统侦查方法与信息化侦查方法的融合［J］．江苏警官学院学报，2018(2)：67－71.

>>> 结　语

毒品犯罪是当今人类社会面临的一大严峻挑战，不仅严重危害人民生命与财产安全，还会诱发一系列社会问题。于我国而言，现代科技浪潮的冲击以及与此相伴生的信息化侦查手段的高频、广泛使用使得毒品犯罪手段呈现出“回潮式”与“科技演进式”两种发展态势。面对信息化侦查手段的不断变化，一些毒品犯罪分子又开始采用最原始的“人背马驮式”“蚂蚁搬家式”等犯罪手段以逃避信息化侦查手段的打击，犯罪手段也因此呈现出“回潮式”发展态势；一些毒品犯罪分子则紧抓现代科技飞速发展的时代浪潮，利用高科技研发生产新型毒品、利用现代互联网技术销售毒品、利用快递物流等方式运输毒品、采用电子等方式结算毒资，犯罪手段也因此呈现出“科技演进式”的发展态势。从毒品犯罪组织结构来看，毒品犯罪手段的双向发展也不断促使犯罪组织结构发生变化：犯罪人员组成逐渐呈现出由大量专业化高智商人员、青少年、女性等多主体参与的多元化发展趋势；犯罪组织结构呈现出由有组织犯罪到跨国有组织犯罪再到网络有组织犯罪与跨国有组织犯罪并存的发展态势，犯罪内部组织结构整体呈现出一种去中心化、扁平化的演变状态；[1] 从毒品犯罪链条结构来看，"供—销"的简单模式也逐渐演变为"产—供—销—藏"一条龙式的商业利益发展模式，并带动了与之相关的一系列黑灰产业犯罪链条。

侦查与犯罪是相对而生的两个概念，面对毒品犯罪多元化的发展态势，毒品犯罪案件侦查方法也开始在充分学习借鉴经济学、行为科学以及法教义学等学科中的相关原理的基础上不断实现自身运行体系的完善与创新，逐步向精细化、信息化、程序化、立法化的方向发展。然而受侦查理念、制度等多重因素的影响，毒品犯罪案件侦查方法的具体设计运用过程中依旧存在侦查思维方式单一、新型毒品犯罪案件侦查方法运行不畅、技术侦查使用存在模糊性等诸多缺陷与不足，亟待构建科学、系统、客观、全面的多元融合的毒品犯罪案件侦查方法体系。综上，毒品犯罪案件侦查方法想要有效发挥自身的"工具"价值，必然面临对域外毒品犯罪案件侦查方法的深度考察，并充分结合我国基本国情，从规范程式、优化结构、转变观念、突出重点四重维度提级进阶：以完善秘密侦查制度为出发点，规范毒品犯罪案件侦查方法运行程式；以深挖毒品犯罪规律、提升缉毒主体综合能力、完善内部程序衔接机制、强化毒品犯罪案件侦查合作机制等方面为出发点，优化毒品犯罪案件侦查方法运行结构；以修正侦查目的观、丰富侦查思维方式两方面为出发点，转变传统侦查方法设计运行中侦查目的、侦查思维、侦查策略手段的单一化发展观念；以推进信息化与传统型侦查方法深度融合为出发点，明确侦查方法提级进阶之重点。无论现代信息化技术手段如何发展，"人脑"依然是侦查方法有序高效运行的"中央指挥中枢"，在现代科技浪潮的冲击

---

[1] 莫洪宪．网络有组织犯罪结构的嬗变与刑法转向——基于网络黑恶势力犯罪的视角［J］．中国刑事法杂志，2020（4）：15－34.

下，传统侦查方法不断被赋予新的功能效用，通过积极推进逻辑驱动型大数据建模，深入挖掘新型涉网毒品犯罪典型规律特征，有效指导侦查实践，使机器能更好地替代人力工作；构建数据驱动型大数据模型，通过深入分析挖掘新型涉网毒品犯罪典型规律特征，使缉毒人员能够迅速实现对该类犯罪侦查的经验积累，是真正实现信息化侦查方法与传统型侦查方法深度融合的应有路径，也是实现快速、精准打击毒品犯罪的有效之法。

>>> 参考文献

（一）中文著作

[1] 傅美惠．侦查法学［M］．北京：中国检察出版社，2016.

[2] 王传道．侦查谋略学［M］．北京：中国政法大学出版社，2004.

[3] 郑晓均．侦查策略与措施［M］．7版．北京：法律出版社，2018.

[4] 李锡海．侦查方法学［M］．北京：中国人民公安大学出版社，1993.

[5] 杨宗辉．侦查方法论［M］．北京：中国检察出版社，2013.

[6] 彭长顺．百案奇谋：贪污贿赂案件犯罪侦查谋略［M］．北京：中国检察出版社，2002.

[7] 郭晓彬．侦查策略与措施［M］．北京：法律出版社，2000.

[8] 张玉镶，文盛堂．当代侦查学［M］．北京：中国检察出版社，1998.

[9] 宋英辉．刑事诉讼目的论［M］．北京：中国人民公安大学出版社，1995.

[10] 朱武．警察思维素质［M］．北京：中国人民公安大学出版社，2002.

[11] 何家弘. 同一认定：犯罪侦查方法的奥秘 [M]. 北京：中国人民公安大学出版社，1989.
[12] 马海舰. 侦查措施新论 [M]. 北京：法律出版社，2012.
[13] 杨宗辉. 侦查学总论 [M]. 北京：中国检察出版社，2012.
[14] 杨殿升. 刑事侦查学 [M]. 2 版. 北京：北京大学出版社，1993.
[15] 何家弘. 新编犯罪侦查学 [M]. 北京：中国法制出版社，2007.
[16] 王燃. 大数据侦查 [M]. 北京：清华大学出版社，2017.
[17] 莫关耀. 毒品犯罪案件侦查教程 [M]. 北京：中国人民公安大学出版社，2000.
[18] 张晶，等. 毒品犯罪案件侦查要略 [M]. 北京：群众出版社，2004.
[19] 廖斌. 毒品违法犯罪防治研究 [M]. 北京：中国政法大学出版社，2016.
[20] 徐宏，李春雷. 毒品犯罪研究 [M]. 北京：知识产权出版社，2016.
[21] 关纯兴，昂钰. 毒品犯罪案件侦查 [M]. 北京：中国人民公安大学出版社，2018.
[22] 欧阳涛，陈泽宪. 毒品犯罪及对策 [M]. 北京：群众出版社，1993.
[23] 赵长青. 中国毒品犯罪问题研究 [M]. 北京：中国大百科全书出版社，1993.
[24] 桑红华. 毒品犯罪 [M]. 北京：警官教育出版社，1993.
[25] 邓又天，邓刚. 论毒品犯罪 [M]. 北京：中国政法大学出版社，1993.
[26] 高格. 试论毒品犯罪的构成界限 [M]. 北京：中国政法大

学出版社，1993.
[27] 赵秉志. 毒品犯罪 [M]. 北京：中国人民公安大学出版社，2003.
[28] 云南省高级人民法院. 惩治毒品犯罪理论与实践 [M]. 北京：中国政法大学出版社，1993.
[29] 崔庆森，陈宝树. 中外毒品犯罪透视 [M]. 北京：社会科学文献出版社，1993.
[30] 刘建宏. 新禁毒全书（第二卷）：中国毒品犯罪及反制 [M]. 北京：人民出版社，2014.
[31] 高巍. 中国禁毒三十年 [M]. 上海：上海科学院出版社，2017.
[32] 李心鉴. 刑事诉讼构造论 [M]. 北京：中国政法大学出版社，1998.
[33] 何家弘. 短缺证据与模糊实施 [M]. 北京：法律出版社，2012.
[34] 刘建宏. 新禁毒全书（第五卷）：中国禁毒法律通览（上）[M]. 北京：人民出版社，2014.
[35] 杨志刚. 诱惑侦查研究 [M]. 北京：中国法制出版社，2008.
[36] 阮国平，许细燕. 刑事侦查措施 [M]. 北京：中国人民公安大学出版社，2007.
[37] 俞波涛. 秘密侦查问题研究 [M]. 北京：中国检察出版社，2008.
[38] 汪海燕. 我国刑事诉讼模式的选择 [M]. 北京：北京大学出版社，2008.
[39] 夏国美，杨秀石，等. 社会学视野下的新型毒品 [M]. 上海：上海社会科学院出版社，2017.

［40］陈光中．刑事侦查学［M］．北京：中国民主法制出版社，2005．

［41］姚志辉，等．禁毒大视角［M］．北京：中国人民公安大学出版社，2004．

［42］罗秉森，梁晋云，杨红屏．禁毒问题研究［M］．北京：中国人民公安大学出版社，2004．

［43］张明楷．刑法学［M］．5版．北京：法律出版社，2016．

［44］蒋学模．政治经济学教材［M］．上海：上海人民出版社，2005．

［45］庄乾龙．境外卧底侦查比较研究［M］．北京：中国人民公安大学出版社，2012．

［46］李明．秘密侦查法律问题研究［M］．北京：中国政法大学出版社，2016．

［47］何雷．域外诱惑侦查理论研究［M］．北京：中国人民公安大学出版社，2013．

［48］岳茂华，魏平雄．刑事侦查中若干理论问题的探讨［M］．太原：山西人民出版社，1982．

［49］刘建明，王泰玄，等．宣传舆论学大辞典［M］．北京：经济日报出版社，1993．

［50］陈惠雄．人本经济学原理［M］．上海：上海财经大学出版社，2006．

［51］郭翔．犯罪学辞典［M］．上海：上海人民出版社，1989．

［52］马克思，恩格斯．马克思恩格斯全集（第2卷）［M］．北京：人民出版社，1957．

［53］应星．社会学概论［M］．北京：中央广播电视大学出版社，2010．

［54］社会心理学教程编写组．社会心理学教程［M］．兰州：兰

州大学出版社，1986.
[55] 中央教育科学研究所教育心理研究室. 心理学基础知识问答[M]. 北京：教育科学出版社，1983.
[56] 华东师大心理学系公共必修心理学教研室. 心理学（修订版）[M]. 上海：华东师范大学出版社，1984.
[57] 马忠红. 侦查学基础理论 [M]. 北京：中国人民公安大学出版社，2003.
[58] 任惠华. 中国古代侦查小史 [M]. 北京：中国长安出版社，2015.
[59] 刘建宏. 新禁毒全书（第六卷）：外国禁毒法律概览 [M]. 北京：人民出版社，2016.
[60] 邓立军. 程序与方法：毒品犯罪侦查之二维模式考察 [M]. 北京：中国社会科学出版社，2010.
[61] 邓立军. 程序法视野下的控制下交付 [M]. 北京：中国政法大学出版社，2019.
[62] 程雷. 秘密侦查比较研究：以美、德、荷、英四国为样本的分析 [M]. 北京：中国人民公安大学出版社，2008.
[63] 刘建宏. 新禁毒全书（第一卷）：全球化视角下的毒品问题[M]. 北京：人民出版社，2014.
[64] 金伟峰. 中国禁毒法律制度研究 [M]. 上海：上海社会科学院出版社，2016.
[65] 德国刑事诉讼法典 [M]. 李昌珂，译. 北京：中国政法大学出版社，1995.
[66] 向党. 加入世贸组织对公安工作的影响 [M]. 北京：中国人民公安大学出版社，2002.
[67] 王压非. 我国配套立法问题研究 [M]. 北京：法律出版社，2014.

[68] 常勇，王英伟. 特情与刑事侦查［M］. 哈尔滨：哈尔滨出版社，2000：49.

[69] 刘建宏. 新禁毒全书（第四卷）：中国禁毒典型案例评析［M］. 北京：人民出版社，2014.

（二）外文译著

[1] 孟德斯鸠. 论法的精神（上）［M］. 许明龙，译. 北京：商务印书馆，2012.

[2] 蒲吉兰. 犯罪致富：毒品走私、洗钱与冷战后的金融危机［M］. 李玉平，等译. 北京：社会科学文献出版社，2002.

[3] 彼得·斯坦，约翰·香德. 西方社会的法律价值［M］. 王献明，译. 北京：中国法制出版社. 2004.

[4] 皮亚杰. 结构主义［M］. 倪连生，译. 北京：商务印书馆，1984.

[5] E. 博登海默. 法理学：法律哲学与法律方法［M］. 邓正来，译. 北京：中国政法大学出版社，1999.

[6] 洛克. 政府论（下篇）［M］. 叶启芳，瞿菊农，译. 北京：商务印书馆，2017.

[7] 田口守一. 刑事诉讼法［M］. 7 版. 张凌，于秀峰，译. 北京：法律出版社，2019.

[8] 克劳思·罗科信. 刑事诉讼法［M］. 吴丽琪，译. 北京：法律出版社，2003.

[9] 格雷·T. 马克斯. 高技术时代与社会秘密实践：美国国内密探工作研究［M］. 古月生，等译. 北京：中共党史出版社，1993.

[10] 巴尔多鲁. 国法大全［M］. 北京：中国法制出版社，2014.

[11] A·H. 瓦西利耶夫. 犯罪侦查学［M］. 原因，译. 北京：群众出版社，1985.

[12] 文森特·莫斯可. 数字化崇拜：迷思、权力与赛博空间[M]. 黄典林，译. 北京：北京大学出版社，2010.
[13] 德肖威茨. 最好的辩护 [M]. 唐交东，译. 北京：法律出版社，2014.
[14] 约翰·希利·布朗，保罗·杜奎德. 信息的社会层面 [M]. 王铁生，葛立成，译. 北京：商务印书馆，2003.

（三）博士学位论文

[1] 李世清. 毒品犯罪的刑罚问题研究 [D]. 长春：吉林大学，2007.
[2] 栾建超. 数学在刑事侦查中的应用 [D]. 成都：西南财经大学，2013.
[3] 梅传强. 犯罪心理生成机制研究 [D]. 重庆：西南政法大学，2004.

（四）期刊论文

[1] 任惠华，熊鑫. 侦查策略概念探析 [J]. 四川警察学院学报，2009（12）.
[2] 何家弘. 侦查方法史考（一）[J]. 公安大学学报，1988（6）.
[3] 何家弘. 侦查方法史考（二）[J]. 公安大学学报，1989（1）.
[4] 炎土. 同一认定理论的新发展：《同一认定——犯罪侦察方法的奥秘》评价 [J]. 公安大学学报，1990（1）.
[5] 熊则坤. 侦查辩证法（一）哲学方法与侦查方法 [J]. 公安大学学报，1996（2）.
[6] 任克勤. 刑事侦查方法论 [J]. 湖南公安高等专科学校学报，1999（4）.
[7] 王大中. 试论侦查学研究的方法论 [J]. 中国人民公安大学学报（社会科学版），2008（2）.

［8］刘南男. 从侦查方法到侦查方法论：侦查学理论研究的必由之路［J］. 北京人民警察学院学报，2009（2）.
［9］林维业. 论侦查方法创新［J］. 北京人民警察学院学报，2009（6）.
［10］谢盛坚，林维业. 侦查方法创新之我见［J］. 政法学刊，2013（1）.
［11］刘为军. “法”与“方法”视角下的侦查学研究对象［J］. 公安学研究，2019（2）.
［12］曹盛林. 刑事诉讼中的侦查［J］. 人民司法，1979（8）.
［13］李宝岳. 略论侦查的“强制性措施”与“强制措施”的区别［J］. 北京政法学院学报，1983（2）.
［14］严端. 我国侦查程序的概念与特色［J］. 中外法学，1988（2）.
［15］阮祥忠. 关于完善刑事强制措施立法的思考［J］. 公安大学学报，1992（3）.
［16］张越. 论刑事诉讼中强制措施的完善［J］. 中外法学，1995（1）.
［17］赵永琛. 论刑事侦查中的人权保护［J］. 公安大学学报，1996（5）.
［18］张玉镶. 关于侦查的几个主要法律问题的思考［J］. 中外法学，1998（2）.
［19］聂世基，卢爱军. 论侦查程序公正［J］. 公安研究，2000（1）.
［20］吴丹红. 诱惑侦查初探：从刑事诉讼法理角度的思考［J］. 公安大学学报，2001（6）.
［21］梁晶蕊. 对我国诱惑侦查制度法治化的思考［J］. 公安研究，2005（1）.
［22］蔡国芹. 侦查讯问犯罪嫌疑人的正当法律程序：以权利与权力的适度平衡为视角［J］. 河北法学，2008（1）.
［23］刘海芬. 诱惑性侦查正当性研究［J］. 法制与社会，2011（1）.

[24] 张斌. 新刑事诉讼法背景下我国侦查讯问新论 [J]. 河南师范大学学报（哲学社会科学版），2013（1）.
[25] 郭旭. 非法证据排除规则典型案例分析：以J省D市司法实践为样本 [J]. 法学杂志，2015（1）.
[26] 钟明曦，王锡章，黄云峰. 大数据侦查的实践问题与对策研究 [J]. 福建警察学院学报，2018（6）.
[27] 周桂琴. 试论联系的哲学观点在侦察破案中的运用：关于串案分析并案侦查的思考 [J]. 公安论坛，1994（3）.
[28] 金箴. 浅议马克思主义哲学的有关原理在现场分析中的运用 [J]. 政法学习（新疆公安司法管理干部学院学报），1996（4）.
[29] 陈尚坤. 论和谐侦查之法哲学意义 [J]. 社会科学战线，2007（6）.
[30] 阳作洲. 在刑事案件侦查中怎样运用选言判断和选言推理 [J]. 现代法学，1980（1）.
[31] 阳作洲. 缩小侦查范围的逻辑方法 [J]. 现代法学，1982（2）.
[32] 求是. 现场勘查与侦查假设的提出：刑侦工作与逻辑之二 [J]. 逻辑与言语学习，1987（3）.
[33] 朱武. 逻辑应用概论：有关侦查逻辑等的研究 [J]. 江苏公安专科学校学报，1997（4）.
[34] 张振智，邱鲁军. 例析逻辑推理在刑事案件侦查中的运用 [J]. 政法论丛，2000（1）.
[35] 黎小平. 侦查讯问中的逻辑思考与探讨 [J]. 江西公安专科学校学报，2003（4）.
[36] 印大双，张力锋. 侦查实践中常用的逻辑方法 [J]. 江苏警官学院学报，2007（2）.
[37] 马前进. 侦查中的逻辑思维：侦查假说和侦查检验 [J]. 武

汉公安干部学院学报，2010（3）.
[38] 曾素明，于跃，丁学斌. 视频侦查中侦查假设的运用［J］. 广东公安科技，2016（2）.
[39] 周磊. 论毒品犯罪侦查讯问的逻辑艺术［J］. 云南警官学院学报，2019（3）.
[40] M. 卢舍奇金娜，辛理. 被告人心理状态与审讯策略［J］. 国外法学，1982（6）.
[41] 高普乐. 犯罪伪装心理和行为模式［J］. 公安大学学报，1990（3）.
[42] 胡关禄. 侦查人员在讯问活动中的消极心理及其调控［J］. 政法学刊，1998（3）.
[43] 史海青. 犯罪心理痕迹分析在侦查工作中的应用［J］. 公安大学学报，2000（1）.
[44] 杨英仓. 犯罪现场心理痕迹在案件侦查中的应用［J］. 贵州警官职业学院学报，2007（3）.
[45] 毕惜倩. 讯问中心理学应用［J］. 国家检察官学院学报，2014（7）.
[46] 卢佳. 经济犯罪案件中犯罪嫌疑人的心理特点及讯问研究［J］. 贵州警官职业学院学报. 2019（3）.
[47] 周国均. 关于侦查实验之探讨［J］. 公安大学学报，1994（4）.
[48] 周安平. 论对侦查回溯性推理结论的可靠性程度的考查［J］. 公安大学学报，1995（3）.
[49] 丁金城. 刑事侦查中的假说体系［J］. 中国人民公安大学学报（自然科学版），2005（3）.
[50] В・Я. 柯尔金，李衍. 刑事侦查技术（三）侦查人员对案情认识活动的内容和方法［J］. 国外法学，1984（4）.
[51] 徐立忠，束裕. 侦查信息论：侦查信息的开发与应用［J］.

武汉公安干部学院学报，2007（2）.
［52］李双其. 论侦查博弈［J］. 中国人民公安大学学报（社会科学版），2012（3）.
［53］郝宏奎. 在两条平行线之间：对侦破“12·6”杀人案的一点思考［J］. 公安大学学报，1988（2）.
［54］裴正中. “3·04”强奸杀人案侦破经过及侦查指挥分析［J］. 河南公安学刊，1993（6）.
［55］柏三元，张兴祥. 侦查徇私舞弊案的步骤和方法［J］. 人民检察，1994（11）.
［56］偶正涛. “打拐”第一案：涡阳“5·22”拐卖妇女团伙案侦破记［J］. 人民公安，1996（11）.
［57］王显生. 财会人员经济犯罪案件侦查方法与策略［J］. 检察理论研究，1997（4）.
［58］段红枫，陈吉云. 论恶势力团伙犯罪特点及打防对策［J］. 云南公安高等专科学校学报，2001（4）.
［59］李丹，李海龙. 黑恶案件侦查的难点与方法［J］. 湖北警官学院学报，2009（4）.
［60］龚举文. 审判中心主义与职务犯罪侦查的理论辨析及其制度构建［J］. 法学评论，2015（6）.
［61］李栋. 黑社会性质组织犯罪的侦查难点及打击策略［J］. 广西警察学院学报，2017（6）.
［62］秦玉海，储烨. 网络贩卖枪支犯罪的侦查方法与防空对策［J］. 河南司法警官职业学院学报，2018（1）.
［63］马忠红. 以电信诈骗为代表的新型网络犯罪侦查难点及对策研究：基于W省的调研情况［J］. 中国人民公安大学学报（社会科学版），2018（3）.
［64］王大中. 浅谈大要案的实地现场勘查及其指挥［J］. 公安大

学学报，1987（6）.
[65] 杨仁禄. 首次讯问的策略［J］. 人民检察，2000（12）.
[66] 杨广博. 控制下交付的风险及控制［J］. 辽宁警察学院学报，2017（3）.
[67] 邢书亭. 试论科学技术在侦查破案中的作用［J］. 科学·经济·社会，1985（3）.
[68] 王云. 现场勘查将应用计算机［J］. 刑事技术，1985（6）.
[69] 胡向阳. 计算机犯罪侦查方法探讨［J］. 警察技术，1997（2）.
[70] 马忠红. 手机信息的侦查方法研究［J］. 新疆警官高等专科学校学报，2009（2）.
[71] 关颖雄. 论技术性侦查方法体系的构建［J］. 公安学刊（浙江警官学院学报），2009（4）.
[72] 李双其. 论信息化侦查方法［J］. 中国人民公安大学学报（社会科学版），2010（4）.
[73] 王磊. 视频侦查技术的应用［J］. 河北公安警察职业学院学报，2013（4）.
[74] 樊洪，杨彩霞. 职务犯罪侦查手段现代化的理解和应用［J］. 中国检察官，2013（13）.
[75] 董磊. 论传统侦查方法与信息化侦查方法的融合［J］. 江苏警官学院学报，2018（2）.
[76] 赵永林. 谈谈贩毒犯罪［J］. 法学杂志，1984（6）.
[77] 黄绍智，董治良. 禁毒对策研究［J］. 法学，1990（12）.
[78] 曾喜田. 关于毒品犯罪中毒品定量问题的探讨［J］. 广西法学，1995（4）.
[79] 张谦元，王瑾. 21 世纪我国毒品犯罪的态势与刑法适用［J］. 甘肃社会科学，2000（6）.
[80] 熊秋红. 秘密侦查之法治化［J］. 中外法学，2007（2）：

141 - 160.

[81] 吕新华，刘伟. 论涉毒资产调查的法律规制 [J]. 山东警察学院学报，2017 (4).

[82] 黄海波. 毒品犯罪诱惑侦查风险的程序控制 [J]. 政治与法律，2019 (10).

[83] 杨斌. 拉丁美洲的毒品问题 [J]. 拉丁美洲研究，1987 (5).

[84] John Dunn，许国平. 一个美国城市对毒品的反击 [J]. 世界科学，1992 (9).

[85] 万心蕙. 美国的吸毒、制毒、贩毒、禁毒与缉毒 [J]. 九江师专学报 (哲学社会科学版)，1997 (1).

[86] 邵育群. 阿富汗毒品问题及相关国际合作 [J]. 现代国际关系，2009 (1).

[87] 何雪倩. 泰国禁毒工作成效之思考 [J]. 云南警官学院学报，2016 (3).

[88] 施国伟. 斩断毒品走私黑线 [J]. 现代法学，1984 (2).

[89] 梁惊喜. 关于毒品犯罪及其侦破方法的思考 [J]. 政法学习 (新疆公安司法管理干部学院学报)，1995 (2).

[90] 章昌志. 毒品犯罪侦查方法的设计运用 [J]. 犯罪研究，2003 (1).

[91] 夏健祥. 试论毒品来源同一认定的理论基础 [J]. 政法学刊，2004 (5).

[92] 许惠宏. 新型毒品犯罪趋势及对策 [J]. 江苏警官学院学报，2007 (6).

[93] 宋琦，徐军. 我国新型毒品犯罪现状及对策研究 [J]. 情报杂志，2011 (S2).

[94] 德丽娜尔·塔依甫，张尧. 论侦查经营的几个基本问题 [J]. 中国人民公安大学学报 (社会科学版)，2016 (3).

[95] 常建党. “零口供”毒品案件的突破 [J]. 中国检察官, 2018 (24).
[96] 陈济鹏, 杨九六. 贩卖零星毒品案件的特点及侦查对策 [J]. 中国刑警学院学报, 1997 (1).
[97] 宫万路. 毒品案件侦查中设计购买的策略与方法 [J]. 刑侦研究, 1998 (6).
[98] 施华. 浅议邮寄毒品走私案的取证思路与侦破要点 [J]. 犯罪研究, 2000 (5).
[99] 梁春香. 论贩毒案件的侦查方法 [J]. 武警学院学报, 2005 (3).
[100] 刘建强. 论制造冰毒案件的侦查 [J]. 湖北警官学院学报, 2008 (4).
[101] 徐永胜, 霍耀刚. 诱惑侦查在零星贩毒案中的应用研究 [J]. 河北公安警察职业学院学报, 2008 (3).
[102] 孙聪. 为吸毒者代购毒品在运输途中被查获的司法定性——姚某某非法持有毒品案 [J]. 中国检察官, 2010 (24).
[103] 高洁峰. 零星贩毒案件中的诱惑侦查行为 [J]. 云南警官学院学报, 2011 (4).
[104] 宋兴国. 使用警犬缉毒的探讨 [J]. 中国养犬杂志, 1996 (3).
[105] 陆红军. 毒品案件的诱惑侦查行为 [J]. 中国刑事警察, 2000 (6).
[106] 李波阳, 王肃元, 刘忠, 等. 论贩毒案件侦查中如何实现“控制下交付”: 西部地区毒品犯罪对全国禁毒工作的影响研究之一 [J]. 甘肃政法学院学报, 2002 (6).
[107] 贾春宇, 于凤荣. 诱惑侦查及在毒品案件中的使用 [J]. 吉林公安高等专科学院学报, 2003 (3).
[108] 王进英. 论毒品犯罪案件中的诱惑侦查 [J]. 山东警察学院学报, 2007 (4).

[109] 于喜洋. 论毒品案件侦查中控制下交付与诱惑侦查的异同[J]. 辽宁公安司法管理干部学院学报, 2011 (4).
[110] 李洁晖. 我国毒品犯罪的控制下交付探析 [J]. 天津法学, 2015 (1).
[111] 公安部第二研究所. 公安部第二研究所研制的《麻醉毒品现场检验箱》通过技术鉴定 [J]. 刑事技术, 1985 (5).
[112] 公安部第二研究所. 麻醉毒品现场检验箱 (B 型) 通过测试和评审 [J]. 刑事技术, 1992 (2).
[113] 孙光, 陈月. 红外光谱模式识别技术鉴定毒品同一来源[J]. 江苏公安专科学校学报, 1998 (3).
[114] 李文君, 姜康康, 张黎. 虚拟空间涉毒犯罪研究 [J]. 中国人民公安大学学报 (社会科学版), 2013 (1).
[115] 李强. 毒品犯罪案件中信息化侦查相关问题研究 [J]. 武汉公安干部学院学报, 2018 (2).
[116] 万毅. 转折与定位: 侦查模式与中国侦查程序改革 [J]. 现代法学, 2003 (2).
[117] 周国均. 关于侦查主体与客体之研究 [J]. 现代法学, 1993 (6).
[118] 谢佑平, 万毅. 侦查法律关系论纲 [J]. 中国人民公安大学学报, 2003 (1).
[119] 郭松, 高欧. 中国刑事诉讼制度的立法变革: 路径、特质与成就 [J]. 昆明理工大学学报 (社会科学版), 2017 (4).
[120] 谢佑平. 新《刑事诉讼法》述评: 以历史为视角 [J]. 中国司法, 2012 (6).
[121] 陶德华. 浅谈零星贩毒行为的定罪处罚 [J]. 法律适用, 1993 (1).
[122] 沈惠章. 零星贩毒案件及其侦查工作探析 [J]. 中国公共

安全（学术版），2015（3）.
[123] 于成江. 侦查与犯罪的互动关系［J］. 山西警官高等专科学校学报，2003（3）.
[124] 陈永生，蔡其颖. 控制下交付的历史沿革探析［J］. 山东警察学院学报，2013（3）.
[125] 岳佳. 控制下交付组织实施中诸问题之考量［J］. 犯罪研究，2018（4）.
[126] 苗翠英，王建伟. 试论毒品检验在禁毒中的情报作用［J］. 云南公安高等专科学院学报，2001（4）.
[127] 张涛，李云鹏. 新型毒品检验评述［J］. 云南警官学院学报，2010（3）.
[128] 万毅. 解读“技术侦查”与“乔装侦查”：以《刑事诉讼法修正案》为中心的规范分析［J］. 现代法学，2012（6）.
[129] 郝宏奎. 论侦查信息化［J］. 中国人民公安大学学报（社会科学版），2005（6）.
[130] 王锐园. 毒品犯罪案件技术侦查措施运用研究［J］. 中国刑警学院学报，2019（4）.
[131] 高震宇. 浅议信息化侦查的策略思维［J］. 辽宁警察学院学报. 2016（5）.
[132] 贺小峰，杨森. 公安基层应用视频侦查技术的现状及展望研究［J］. 电脑知识与技术，2019（14）.
[133] 杨郁娟. 大数据侦查的证成：从信息化到大数据［J］. 铁道警察学院学报，2017（3）.
[134] 刘连泰. 信息技术与主权概念［J］. 中外法学，2015（2）.
[135] 何军. 大数据与侦查模式变革研究［J］. 中国人民公安大学学报（社会科学版），2015（1）.
[136] 艾明. 刑事诉讼法中的侦查概括性条款［J］. 法学研究，

2017 (4).
[137] 蔡艺生. 隐匿身份侦查的定义与性质析评 [J]. 净月学刊, 2014 (1).
[138] 王均平. 侦查行为的哲学方法论基础 [J]. 江西公安专科学校学报, 2002 (1).
[139] 樊崇义, 张自超. 大数据时代下职务犯罪侦查模式的变革探究 [J]. 河南社会科学, 2016 (12).
[140] 程小勇, 朱工宇. 生物技术侦查在未成年人刑事案件中之适用问题研究: 以人权保障为分析视角 [J]. 青少年犯罪问题, 2016 (3).
[141] 申群翼. 论信息化背景下传统侦查方法的继承与发展 [J]. 中国刑警学院学报, 2015 (2): 17-20.
[142] 马滔. 诱惑侦查之合法性分析 [J]. 中国刑事法杂志, 2000 (5): 69-72.
[143] 李国杰, 程学旗. 大数据研究: 未来科技及经济社会发展的重大战略领域: 大数据的研究现状与科学思考 [J]. 中国科学院院刊, 2012 (6).
[144] 魏红江, 李彬, 祝慧琳. 制定我国大数据战略与开放数据战略: 日本的经验与启示 [J]. 东北亚学刊, 2016 (6).
[145] 张可. 大数据侦查措施程控体系建构: 前提、核心与保障 [J]. 东方法学, 2019 (6).
[146] 李莉, 李倩. 毒品犯罪侦查的系统论分析 [J]. 人民论坛, 2010 (23).
[147] 万毅. 侦查目的论: 兼评我国侦查程序改革 [J]. 国家检察官学院学报, 2003 (1).
[148] 陈卫东. 刑事诉讼法治四十年: 回顾与展望 [J]. 政法论坛, 2019 (6).

[149] 李建. 数字化背景下零星贩毒案件的特点及侦查对策 [J]. 湖北警官学院学报, 2015 (3).
[150] 吕智勇. 信息化背景下零星贩毒禁毒问题研究 [J]. 现代交际, 2016 (2).
[151] 任惠华, 金浩波. 我国毒品犯罪刑事治理之回顾与展望 [J]. 中国刑警学院学报, 2018 (2).
[152] 王晓晓. 中英比较视域下我国毒品犯罪治理模式的调整路径 [J]. 法治论坛, 2019 (1).
[153] 崔敏, 王刚. 毒品犯罪案件的特殊性及证据运用的特点 [J]. 中国人民公安大学学报, 2003 (4).
[154] 秦辉, 傅梅烂. 渐进性创新与突破性创新: 科技型中小企业的选择策略 [J]. 软科学, 2005 (1).
[155] 毛立新. 论我国侦查理念及其法治化 [J]. 政法学刊, 2006 (5).
[156] 欧三任. 论信息化对侦查的异化 [J]. 四川警察学院学报, 2011 (6).
[157] 刘虎. 论毒品犯罪侦查手段的运用 [J]. 云南警官学院学报, 2016 (2).
[158] 卢曦, 揭萍, 刘肖辉. 打击跨国毒品犯罪警务合作机制之完善: 基于“一带一路”战略背景下的思考 [J]. 广西警察学院学报, 2017 (3).
[159] 高颖. 全球毒品走私犯罪活动综述 [J]. 国际资料信息, 2003 (11).
[160] 王祎. 中美禁毒立法之比较 [J]. 公安学刊 (浙江公安高等专科学校学报), 2007 (4).
[161] 林璨璋. 缉毒工作中卧底侦查及诱陷抗辩之探讨 [J]. 台湾警学丛刊, 1994 (1).

［162］郑曦．美国琼斯案对我国技术侦查制度建构的启示［J］．北航法律评论，2012（00）．
［163］胡尔贵，郭悦悦．美国毒品治理的路径与启示［J］．中国刑警学院学报，2018（5）．
［164］王磊，胡梅生．当代英国吸毒问题探析［J］．德州学院学报，2010（5）．
［165］王磊．当代英国禁毒政策探析［J］．欧洲研究，2004（5）．
［166］何永福．欧洲人权法院视野下的警方线人取供研究：以艾伦诉英国为例［J］．三峡大学学报（人文社会科学版），2016（1）．
［167］海燕，姜波．毒品在德国［J］．人民公安，2007（4）．
［168］寿舒宁．德国2001年毒品犯罪统计［J］．公安研究，2002（7）．
［169］高巍．论德国禁毒法的基础理念［J］．学术探索，2006（6）．
［170］兰跃军，应建洪．毒品犯罪侦查中的控制下交付［J］．犯罪研究，2016（6）．
［171］刘伟兵．日本的毒品现状及相关对策［J］．北京人民警察学院学报，2005（4）．
［172］李明．日本预防毒品犯罪对策的重点及其启示［J］．犯罪研究，2011（3）．
［173］李牧，王和文．日本《通信监听法》之检讨及其启示［J］．武汉理工大学学报（社会科学版），2017（2）．
［174］梅传强．论犯罪心理的生成机制［J］．河北法学，2004（1）．
［175］张吟竹，祝凤瑞．跨国毒品犯罪的形势与对策研究［J］．云南警官学院学报，2004（4）．
［176］詹建红，张威．我国侦查权的程序性控制［J］．法学研究，2015（3）：139－157．
［177］谢佑平，邓立军．台湾地区的线民制度［J］．中国人民公

安大学学报（社会科学版），2011（5）.
[178] 马方，吴桐. 信息化侦查的维度冲突与法律规制 [J]. 中国人民公安大学学报（社会科学版），2017（2）.
[179] 陈如为. “以毒攻毒”的结果 [J]. 世界知识，1980（24）.
[180] 月樵. 反毒品警犬 [J]. 世界知识，1982（13）.
[181] 前江. 巴基斯坦的“金新月”与禁毒 [J]. 世界知识，1984（5）.
[182] 张守平. 国际上的贩毒与禁毒 [J]. 世界知识，1981（15）.
[183] 岑生挺. 全国犯罪信息中心年底前开始运行 [J]. 人民公安，1994（11）.
[184] 王馨影. 缉毒英雄明正彬：106 次生死卧底 [J]. 环球人物，2006（9）.

（五）报纸

[1] 罗猛. 技术侦查措施要规范适用 [N]. 检察日报，2012-11-02（003）.
[2] 杨淑珍. 公安信息化建设与应用呈现四大亮点 [N]. 人民公安报，2010-03-09（4）.
[3] 孔丁英. 毒品犯罪案件特情侦查证据的认定 [N]. 人民法院报，2016-08-03（006）.

（六）外文文献

[1] Ministry of Health，“Welfare and Sport”，Drug Policy [EB/OL]. [2004-07-06]. http：//www.minvws.nl/images/42209_indr_En_3_tcm11_51990.
[2] YATES R. A Brief History of British Drug Policy，1950-2001 [J]. Drugs：Education，Prevention and Policy，2002，9（2）：116.
[3] NADELMANN E. Cops Across Borders：The Internationalization of

U. S. Criminal Law Enforcement [M]. Pennsylvania University Press, 1993.

[4] BHASKAR R, PENDHARKAR P C. The Wisconsin Division of Narcotics Enforcement Uses Multi - Agent Information Systems to Investigate Drug Crimes [J]. Interfaces, 1999, 29 (3): 77 - 87.

[5] STEFFAN G S, CANDELARIA S M. Drug Interdiction: Partnerships, Legal Principles, and Investigative Methodologies for Law Enforcement [M]. Second Edition. CRC Press, 2010.

[6] ZIMMERMAN C S. Toward a New Version of Informants: A History of Abuses and Suggestions for Reform [J]. Hastings Constitutional Law Quarterly, 1994, 22 (1): 83 - 178.

[7] GREER S, SOUTH N. The Criminal Information: Police Management, Supervision and Control [M] //Stewart Field and Caroline Pelser. Invading the Private - State Accountability and New Investigative Methods in Europe. Athenaeum Press, 1998.

[8] MARWICK A. British Society Since 1945 [M]. Penguin Books, 1996.

[9] OSGERBY B. Youth in Britain Since 1945 [M]. Blackwell Publishers Ltd, 1998.

[10] GEORGE V, WILDING P. British Society and Social Welfare: Towards a Sustainable Society [M]. Acmillan Press Ltd, 1999.

[11] STIMSON G. Views of a Sociologist: Drug Problems as an Everyday Part of Our Society [J]. British Journal of Addiction, 1983, 78 (2): 120.

[12] CUTTING P D. The Technique of Controlled Delivery as a Weapon in Dealing with Illicit Traffic in Narcotic Drugs and Psychotropic

Substance [J] . Bulletin on Narcotics, 1983, 35 (4) .

[13] BOISTER N. An Introduction to Transnational Criminal Law [M] . Oxford University Press, 2012.

[14] CASEY E. History of Drugs Use and User in the United States [EB/OL] . [2015 - 05 - 02] . http: //www. druglibrary. org/schaffer/History/CASEYI htm.

[15] United Nations Office on Drugs and Crime, Technical Guide to the Unit ed Nations Convention Against Corruption [EB/OL] . [2012 - 06 - 06] . http: //www. unodc. org/documents/treaties/UNCAC/Publications/Technical - guide/09 - 84395_ Ebook.

[16] GIUREA L. Special Methods and Technique for Investigating Drug [J] . International Journal of Criminal Investigation, 2013, 3 (2).